MW01381083

젊은 소설가의 고백

Confessions of a young novelist

레드박스

읽고 쓰는 즐거움.
이것이 바로 젊은 소설가의 고백이다.

일러두기

1. 본문 중 괄호 안 부연 설명은 저자가 단 주이며 미주는 저자 주와 영문판 편집자 주가 섞여 있습니다. 본문 중 단어 옆에 달린 주는 옮긴이 주입니다.
2. 본문 중 등장하는 책 제목의 원서명 및 인물명은 본 텍스트가 영어로 구술했던 강의인 만큼 원어가 아닌 영어로 그대로 표기했으나 예외적으로 원어 표기가 된 것들도 포함되어 있음을 밝힙니다.
3. 책 제목은 『』, 책 속 장이나 하위 개념의 리스트 혹은 시詩 제목은 「」, 신문이나 잡지, 그림 제목 등의 기타 사항들은 〈 〉으로 통일했습니다.

차례

Ⅰ. 왼쪽에서 오른쪽으로 글쓰기

창조적 작가는 기본적으로 자신의 책을 읽는 독자들을 존중해야 한다.
그들은, 말하자면 병 속에 넣어 바다에 띄운 편지처럼
이미 자신의 글을 세상에 던져놓았기 때문이다.

이 책의 제목은 '젊은 소설가의 고백'이다. 의아해할 만도 하다. 내 나이가 일흔일곱을 향해 행진 중이기 때문이다. 하지만 나의 첫 소설 『장미의 이름The Name of the Rose』이 출판된 해는 1980년이다. 즉 내가 소설가로 입문한 게 고작 28년 전의 일이라는 얘기이다. 따라서 내가 생각하기에 나는 매우 젊고 전도유망한 소설가로서, 지금까지 다섯 편의 소설을 출판했고 앞으로도 50년 동안 훨씬 더 많은 책을 써내려갈 사람이다. 이 작업은 현재진행 중이고 아직 끝나지 않았지만(하긴 끝나지 않았으니 현재진행 중이라 할 것이다), 내가 나의 글쓰기 방식에 대해 몇

마디 할 만큼은 경험을 쌓았다고 믿는다. '리처드 엘먼Richard Ellmann, 문학 비평가이자 전기 작가. 오스카 와일드에 대한 전기로 퓰리처상을 수상했다. 강의 정신'이 책은 하버드대 출판부에서 출간하는 '현대문학에 대한 리처드 엘먼 강의' 시리즈 중 하나이다.에 따라 그동안 내가 썼던 논문들보다는 소설에 중점을 두겠지만, 그래도 원래 내 직업은 교수이고 소설가로서는 아마추어라 할 수 있다.

나는 어릴 때부터 소설을 쓰기 시작했다. 가장 먼저 정하는 건 제목이었는데, 이런 제목은 대개 『캐리비안의 해적』과 꼭 닮은 당시의 모험소설들을 보며 떠올린 것들이었다. 나는 단번에 삽화부터 전부 그린 다음 첫 장을 쓰기 시작했다. 하지만 진짜 책을 흉내 내어 글자를 모두 대문자로 썼기 때문에 몇 페이지를 넘기지 못하고 지쳐 포기하곤 했다. 그렇게 내 소설들은 모두 슈베르트의 〈미완성 교향곡〉처럼 미완의 걸작으로 남아 있다.

열여섯 살이 되어서는 나도 여느 10대 아이들처럼 시를 쓰기 시작했다. 시를 쓰려는 욕구 때문에 첫사랑(또한 정신적인 사랑이자 전하지 못한 짝사랑이었던)에 빠져들었던 것인지, 아니면 첫사랑 때문에 시심詩心이 솟구쳤던 것인지는 기억나지 않는다. 아무튼 이 두 가지가 뒤섞인 결과는 재앙이었다. 하지만 언젠가 소설 속 등장인물의 입을 빌려 말했던 것처럼 세상에는 두 종류의 시인이 존재한다. 하나는 열여덟 살에 자기 시를 모두 불태워버리는 좋은 시인이요, 다른 하나는 평생 시를 쓰는 나쁜 시인이다.[1]

창작이란 무엇인가?

50대 초반이 되었을 무렵, 나는 많은 학자들이 그러하듯 내 글이 '창작', 혹은 '창조적'인 쪽이 아니라는 사실에 낙담하지 않았다.[2]

나는 왜 호메로스는 창조적 작가이고 플라톤은 그렇지 않은지 이해할 수 없었다. 나쁜 시인은 창조적인 작가인 반면, 훌륭한 과학 저술가들은 그렇지 않은 이유가 도대체 뭐란 말인가?

프랑스어는 작가écrivain와 기록자écrivant를 구분하여 지칭한다. 이를테면 소설이나 시처럼 '창조적'인 글을 쓰는 사람은 작가이고, 은행원이나 사건 보고서를 작성하는 경찰관처럼 사실을 정리하는 사람은 기록자에 속한다. 그렇다면 철학자는 어떤 글을 쓰는 사람일까? 우리는 철학자가 직업적 저술가이고, 철학자의 글은 의미 손실 없이 다른 말로 옮기거나 간추릴 수 있다고 생각한다. 반면 '창조적' 저술가의 글은 다른 언어로 온전히 번역하거나 표현하기 어렵다고 여긴다. 그러나 시나 소설 번역이 아무리 어렵다고 해도 이미 전 세계 독자들의 90퍼센트는 『전쟁과 평화』나 『돈키호테』 같은 소설들을 번역본으로 읽을 수 있다.

내가 보기에 톨스토이 소설의 번역서들은 하이데거나 라캉의 책들보다 원작에 더 충실하다. 그렇다면 라캉은 세르반테스보다 '창조적'인 작가란 말인가?

글의 사회적 기능 면에서 봐도 창조성의 차이는 잘 드러나지 않는다. 갈릴레오Galileo, 지동설을 옹호한 과학자.의 책들은 기능적으로는 분명 철학적이고 사회적인 의의를 갖지만, 이탈리아의 고등학교 교과서에는 문체가 명품인 훌륭한 '창작'의 본보기로 등장한다.

우리가 도서관 사서이고, A관에는 소위 창조적 저술들을, B관에는 과학적 저술들을 비치하기로 했다고 가정해보자. 당신 같으면 아인슈타인의 에세이와 에디슨이 후원자들에게 보냈던 서신들을 한 범주로, 그리고 『오! 수재

너Oh! Susanna, 미국 민요집.』와 『햄릿』을 한 범주로 묶겠는가?

어떤 사람들은 린네Carl von Linné, 스웨덴의 식물학자.와 다윈 같은 '비창조적' 저술가는 고래나 유인원에 대한 사실 정보를 전달하고자 한 반면, 멜빌Herman Melville, 『모비딕』의 작가.은 흰 고래에 대한, 버로스Edgar Rice Burroughs, 타잔 시리즈로 유명한 미국의 소설가.는 타잔이라는 유인원에 대한 글을 썼어도 알고 보면 사실을 진술하는 '척'하며 존재하지도 않는 고래와 유인원을 창조해냈을 뿐이라고, 그러므로 실재하는 종에 대해서는 관심이 없다고 말하기도 한다. 그러나 『모비딕』에서 존재하지 않는 고래를 그려냈던 멜빌에게 삶과 죽음에 관한, 혹은 인간의 자만과 아집에 관한 진실을 말하고자 하는 의도가 전혀 없었다고 단언할 수 있을까?

사실과 반대되는 얘기를 한다고 해서 단순히 '창조적' 저술가로 묶는 것은 문제가 있다. 프톨레마이오스는 천동설을 주장하여 지구의 운동을 사실과 다르게 제시했다. 그렇지만 그가 행성들의 운동을 수학적으로 정교화한 케플러보다 더 창조적이었다고 주장할 수 있을까?

차이는 그런 부분들보다는 작품에 대한 해석 앞에서 저자들이 반응하는 대조적인 방식들 안에 존재한다. 철학자나 과학자, 혹은 미술 평론가라면, "당신 글은 이러쿵저러쿵하다는 뜻이군요"라는 말을 들었을 때 언제든지 "오해요, 그와 정반대요"라고 반박할 수 있다. 하지만 『잃어버린 시간을 찾아서』 같은 작품은 비평가가 마르크스주의적 해석을 내놓는다 해도, 예를 들어 '타락한 부르주아 때문에 위기에 휩싸인 이 시대에 추억만 파고드는 예술가는 사회에서 고립당한다'는 해석을 붙인다 해도, 프루스트Marcel Proust는 불만을 품을지언정 반박은 하기 어려울 것이다.

뒤에서 얘기하겠지만 창조적 작가는 자기 작품의 합리적 독자가 되어 억지스러운 해석에 반박할 권리를 갖는다. 하지만 기본적으로 자신의 책을 읽는 독자들을 존중해야 한다. 그들은, 말하자면 병 속에 넣어 바다에 띄운 편지처럼 이미 자신의 글을 세상에 던져놓았기 때문이다.

나는 기호학에 관한 책을 낸 다음에는 내가 틀린 부분이 없는지 찾아보거나 내 의도대로 이해하지 못하는 사람들이 글을 오독했다는 걸 보여주는 데 온 시간을 쏟았다. 그에 반해 소설을 출판한 후에는 원칙적으로 독자들의 해석에 반론하지 않아야 한다는(또한 어떠한 해석도 강요하지 않아야 한다는) 윤리적 의무를 느꼈다.

이런 차이가 생긴 까닭은(여기서 우리는 창조적 글쓰기와 과학적 글쓰기의 진정한 차이를 확인할 수 있다), 이론서가 대체로 특정한 이론을 증명하거나 구체적인 문제에 대한 답을 주고자 하기 때문이다. 반면 시나 소설을 쓸 때 사람들은 모순 가득한 삶을 대변하고 싶어 한다. 여러 삶의 모순들을 펼쳐놓고 분명하고 통렬하게 드러내고자 하는 것이다. 창조적 작가들은 독자에게 해답을 찾아보라고 주문할 뿐 공식을 정해주지는 않는다(싸구려 위안을 주려는 키치적 작가나 감상주의적 작가들은 제외하고). 내가 갓 출판한 첫 번째 소설로 강연을 하러 다니던 시절, 소설가는 때때로 철학자가 하지 못하는 얘기를 한다고 말했던 이유가 여기에 있다.

그렇게 나는 1978년까지 철학자이자 기호학자로서 성취감을 만끽했다. 언제인가는 플라톤처럼 거들먹거리며 시인을 비롯한 모든 예술가들은 자기 자신의 거짓말 안에 갇힌 포로이며 모조품을 만들어내는 모방자이지만, 나는 철학자로서 진정한 플라톤의 이데아 세계에 접근할 수 있었다고 적기까지 했다.

창조성은 차치하고라도 많은 학자들은 이야기를 들려주고 싶은 충동을 느끼면서 그럴 수 없다는 데 애석해한다고, 그래서 많은 대학 교수들의 책상 서랍 속에는 세상에 내놓지 못한 조악한 소설들이 가득한 거라고 말할 수도 있다.

하지만 수년 동안 내가 서사적 기술에 대한 은밀한 열정을 충족한 방식은 두 가지였다. 하나는 구두에 의한 서사 전달narrativity, 영화이론에서 제작자가 이야기를 전달하고 관객이 그것을 해석하는 과정.로, 종종 아이들에게 이야기를 들려주는 것이었고(아이들이 성장하여 동화책보다는 록 뮤직에 빠져들면서 중단되었지만), 또 하나는 비평적 논문에서 모든 이야기를 끄집어내는 것이었다.

내가 토머스 아퀴나스의 미학을 주제로 박사 학위 논문을 제출했을 때(당시에는 많은 학자들이 그의 방대한 저작들과 미학 사이에는 아무런 관련도 없다고 생각했기 때문에 이견이 분분한 주제였다), 한 논문 심사위원이 내게 일종의 '서사 오류narrative fallacy'라는 비판을 가했다. 심사위원은 성숙한 학자라면 어떤 연구를 하고자 할 때 부득불 시행착오를 거치며 여러 가설들을 세우고 폐기하지만, 종국에는 이 모든 시도들을 소화하고 단 한 가지 결론을 내놓아야 한다고 말했다. 하지만 내 논문은 마치 추리소설처럼 내용을 풀어내고 있다는 것이었다. 이런 식의 익숙한 반대 의견에는 '모든 연구 결과는 이렇게 서술되어야 한다'는 근본적인 고정관념이 담겨 있다. 그러나 나는 어떤 학문에 대한 책이건 일종의 추리소설, 즉 어떤 종류의 성배聖杯를 찾는 탐구 보고서처럼 써야 한다고 말하고 싶다. 나는 그 후로도 학술 저작을 낼 때마다 이 원칙을 지켰다고 생각한다.

옛날 옛적에

1978년 초, 작은 출판사에서 일하는 한 친구가 비소설가들(철학자, 사회학자, 정치인 등)에게 단편 추리소설을 의뢰하는 중이라고 말했다. 앞서 말했던 이유로, 나는 창작에 관심이 없으며 자연스러운 대화체 글을 쓰는 데도 소질이 없다고 대답했다. 그러고는 범죄소설을 써야 한다면 최소한 500페이지 분량에, 배경은 중세 수도원이 될 거라는 도발적인 말을 내뱉었다(왜 그랬는지는 모르겠다). 친구는 속 빈 강정 같은 상술용 책을 만들려는 게 아니라고 대답했고, 우리의 대화는 그쯤에서 끝났다.

나는 집에 돌아가자마자 책상 서랍을 뒤져 그 전해에 갈겨놓은 글을 찾았다. 수도사들의 이름 몇 개를 적어둔 종이였다. 그 글은 내 마음속 내밀한 곳에서 소설에 쓸 아이디어들이 이미 자라고 있었다는 뜻이었지만 당시에는 스스로도 전혀 깨닫지 못했다. 그 시점에 떠올랐던 생각은, 어떤 책을 읽던 수도사가 독살당하는 얘기면 좋겠다는 게 전부였다. 그렇게 나는 『장미의 이름』을 쓰기 시작했다.

책이 출판된 후 여기저기서 소설을 쓰기로 마음먹은 이유가 뭐냐는 질문을 받을 때마다 기분에 따라 그때그때 달리했던 대답들은 모두 참이었고, 또 그래서 모두 거짓이었다. 결국 내가 깨달았던 유일한 정답이란 어느 순간 소설을 쓰고 싶다는 충동을 느꼈기 때문이라는 것이다. 그리고 그 정도 이유면 충분하고도 타당하다고 생각한다.

어떻게 쓸까?

기자들이 "소설을 어떻게 씁니까?" 같은 질문을 하면, 나는 주로 "왼쪽에서 오른쪽으로 씁니다"라는 대답으로 말문을 막는다. 만족스러운 대답도 아닐뿐더러, 아랍 국가들과 이스라엘에서는 깜짝 놀랄 일이라는 것도 안다. 이제 좀 더 친절하게 대답할 시간을 가져보고자 한다.

첫 소설을 쓰는 과정에서 나는 몇 가지 교훈을 얻었다. 첫째, '영감'이란 약삭빠른 작가들이 예술적으로 추앙받기 위해 하는 나쁜 말이다. 오랜 격언에 천재는 10퍼센트의 영감과 90퍼센트의 노력으로 이루어진다는 말이 있다. 프랑스의 낭만파 시인 라마르틴Alphonse de Lamartine은 종종 자신의 가장 뛰어난 시 중 하나를 어떻게 쓰게 되었는지를 이렇게 얘기했다고 한다. 어느 날 밤 숲길을 거닐고 있을 때, 한 편의 시가 완성된 형태로 섬광처럼 떠올랐다는 것이다. 하지만 라마르틴이 세상을 뜬 후 그의 서재에서는 바로 그 시를 여러 해 동안 수없이 고쳐 썼던 방대한 분량의 원고가 발견됐다.

『장미의 이름』을 처음 살펴본 비평가들은 이 책이 번뜩

이는 영감에 따라 쓰였지만, 개념이나 언어가 어려워 소수의 행복한 독자들만 읽게 될 거라고 평했다. 책이 주목할 만한 성공을 거두며 수백만 부가 팔려나가자, 바로 그 비평가들은 그런 재미있고 대중적이기까지 한 베스트셀러를 만들기 위해 내가 기계적으로 은밀한 비법에 따라 글을 쓴 게 틀림없다고 말을 바꾸었다. 나중에는 이 책의 성공 요인이 컴퓨터 프로그램이라고도 말했다. 글쓰기 프로그램을 실행할 수 있는 최초의 개인용 컴퓨터가 등장한 것은 불과 1980년대 초반의 일이었고, 이때 내 소설은 이미 인쇄에 들어간 상태였다는 사실도 망각했던 것 같다. 1978년에서 1979년까지 미국에서조차 우리가 볼 수 있었던 컴퓨터라고는 탠디Tandy 사에서 제조한 값싼 소형 컴퓨터뿐이었고, 이 기계로 쓸 수 있는 글은 고작 편지 정도가 전부였다.

이러한 누명에 약간 속이 상한 터라 그 후 나는 '컴퓨터로 베스트셀러 쓰기'를 위한 진짜 비법을 고안했다.

우선 당연히 컴퓨터가 필요하다. 컴퓨터는 우리 대신 생각을 해주는 똑똑한 기계이다. 이 점은 분명 많은 사람들에게 이득이 될 것이다. 필요한 건 몇 가지 종류의 프로그램뿐이다. 그러면 어린아이라도 따라할 수 있다. 이제 100여 편의 소설과 과학서, 『성경』, 『코란』 그리고 전화번호부(등장인물의 이름을 정할 때 매우 유용하다) 내용을 입력한다. 대략 12만 장 분량은 될 것이다. 여기까지 했다면, 이제 다른 프로그램을 이용하여 내용을 무작위로 배열한다. 다시 말해서 입력한 텍스트를 모두 뒤섞고 약간의 수정을 가한다. 예컨대 'e' 모음만 모두 제거하면 그냥 소설뿐 아니라 페렉Georges Perec, 작품마다 완전히 새로운 형식을 시도했던 프랑스의 소설가.처럼 제자체lipogram, 특정 문자나 그 문자를 포함한 단어를 피하는 글쓰기. 글도 쓸 수 있다. 이 단계에서 '인쇄'를 클릭하면, 'e' 모음이 모두 제거되어 12만 장보다는 줄어든 양이 출력될 것이다. 출력된 내용을 몇 번이고 면밀히 읽으면서 중요한 구절에 밑줄을 그은 후, 쓰레기 소각장으로 가져간다. 그런 다음 목탄과 질 좋은 도화지를 들고 나무 그늘에 앉아 마음으로 거닐면서 글을 두 줄 적는다. 이를테면 '달은 하늘 높이 떠 있고 / 나무는 바스락거린다' 같은 문장을 적는다. 처음에는 소설이 아니라 일본의 전통 하이쿠俳句 일본 시문학의 일종. 처럼 보일 것이다. 하지만 중요한 것은 시작하는 일이다.[3]

영감이란 서서히 떠오르기도 한다고 말할 수도 있겠지만, 『장미의 이름』을 완성하는 데는 불과 2년밖에 걸리지 않았다. 중세 시대에 대해 더 연구할 필요가 없었다는 단순한 이유 덕분이었다. 앞서 말한 것처럼 나는 중세 미학을 주제로 박사 논문을 썼고, 그 후로도 중세에 대한 연구를 더 이어갔다. 몇 년 동안 로마네스크Romanesque 양식의 수도원과 고딕Gothic 양식의 대성당 등을 찾아다녔다. 소설을 쓰기로 마음먹었을 때, 나는 마치 수십 년 동안 중세에 관한 정보들만 모아두었던 널찍한 벽장을 여는 것 같았다. 필요한 모든 자료가 내 코앞에 있었고, 나는 단지 고르기만 하면 되었다. 다음 작품들을 쓸 때는 상황이 달랐다(특정 주제를 선택한다는 건 이미 그 주제가 내게 어느 정도 익숙하다는 뜻이긴 하지만). 차기작들을 쓰는 데 많은 시간이 걸렸던 이유도 그 때문이다. 『푸코의 진자Foucault's Pendulum』를 쓸 때는 8년이 걸렸고, 『전날의 섬The Island of the Day Before』과 『바우돌리노Baudolino』는 6년이 걸렸다. 『로아나 여왕의 신비한 불꽃The Mysterious Flame of Queen Loana』을 4년 만에 쓸 수 있었던 이유는 1930년대와 1940년대, 즉 주로 내 어린 시절에 읽었던 내용들을 다루고 있기 때문이었다. 만화책과 기록물들, 잡지, 그리고 신문같이 오래된 많은 자료들, 한마디로 나의 기념품과 향수와 자잘한 기억의 수집품들을 집에서 구할 수 있었던 것이다.

세계 설계하기

나는 이 같은 문학적 잉태의 시기에 어떤 일을 할까? 서류를 수집한다. 여기저기 찾아다니고 지도를 그리고 건물들의 배치를 눈여겨보기도 한다. 『전날의 섬』을 쓸 때는 배의 구조를 공부했다. 그리고 등장인물들의 얼굴을 스케치한다. 『장미의 이름』의 경우에는 등장하는 수도사들을 모두 초상화로 만들었다. 나는 이렇게 소설을 준비하는 몇 해를 일종의 마법의 성에서, 달리 표현하면 자폐의 바다 안에서 빠져 지낸다. 내가 무슨 짓을 하는지는 아무도, 설령 가족이라고 해도 모른다. 잡다한 여러 일들을 하는 것처럼 보이지만 내가 하는 일은 오로지 내 이야기에 들어갈 생각과 심상, 단어들을 그러잡는 것뿐이다. 중세에 관한 글을 쓸 때에도 거리에서 지나가는 자동차를 보고 그 색상이 인상이 남으면 나는 그런 경험을 노트에 기록하거나 머리로 기억해두었다가 나중에, 말하자면 묘사를 세밀화하는 데 참고한다.

『푸코의 진자』를 쓸 때는 소설 속 몇 가지 주요 사건들이 벌어졌던 기술공예박물관Conservatoire des Arts et Métiers, 유럽에서 가장 오래된 과학기술 박물관으로 프랑스 파리에 있다. 통로들을 며칠 저녁 동안 폐관 직전까지 돌아다녔다. 카소봉이 박물관에서 보주광장, 그리고 에펠탑까지 밤늦게 파리를 가로지르는 장면을 묘사하기 위해, 나는 숱한 밤을 새벽 두세 시쯤 파리를 배회하며 거리나 교차로의 이름들이 틀리지 않도록 휴대용 녹음기에 내가 볼 수 있는 모든 것들을 담아냈다.

『전날의 섬』을 준비할 때는 물론 소설의 배경이 된 정확한 지리적 위치를 찾아 남태평양을 향했고, 시시각각 물과 하늘의 빛깔이 어떻게 변하는지, 또 물고기와 산호들의 색조가 어떻게 달라지는지 확인했다. 2~3년간은 당시 선박의 모형과 그림을 공부하면서 선실이나 벽장 등이 얼마나 컸는지, 사람들이 그 공간들을 어떻게 오갔을지 연구했다.

『장미의 이름』을 출판한 후 맨 처음 영화로 만들어보자고 제안했던 영화감독은 마르코 페레리Marco Ferreri였다. 그는 내게 "영화 대본을 염두에 두고 소설을 쓰셨군요. 대화 길이가 딱딱 맞아떨어져요"라고 말했다. 처음에는 어떻게 그럴 수 있었는지 이해가 가지 않았다. 하지만 돌이켜보니 글을 쓰기 전에 수백 개의 수도원 도면과 미로들을 그려보았던 일이 떠올랐다. 덕분에 등장인물 두 명이 대화를 나누며 한 장소에서 다른 장소로 이동할 때 어느 정도의 시간이 걸릴지 알 수 있었던 것이다. 이렇게 내가 만든 허구의 세계에서는 구획과 배치에 따라 대화의 길이가 정해졌다.

이런 식으로 나는 소설이 단지 언어의 조합이 아니라는 걸 터득했다. 시는 단어를 어떻게 번역해야 할지 난감할 때가 많다. 낱말의 음과 저자가 의도한 다중적 의미까지 계산에 넣어야 하는데다, 단어의 선택에 따라 내용이 바뀔 수도 있기 때문이다. 소설 같은 서사의 경우에는 정반대이다. 서사는 작가가 창조하는 '우주'이며, 그 안에서 사건이 벌어지고 음률과 문체, 단어 선택까지 정해진다. 서사는 라틴어로 '렘 테네, 베르바 세쿤투르Rem tene, verba sequentur', 즉 '주제를 고수하면 언어는 따라온다'는 법칙에 지배받는다. 반면 시는 그와 반대로 '언어를 고수하면 주제는 따라온다'로 바뀌어야 한다.

서사는 다른 무엇보다 우주가 탄생하는 사건이다. 무언가를 서술할 때 우선 작가는 데미우르고스demiurge, 즉 하나의 세계를 창조하는 존재가 되어야 하며, 그 세계는 최대한 정밀하여 스스로가 그 안에서 일말의 의심도 없이 돌아다닐 수 있어야 한다.

나는 이 원칙을 최대한 고수한다. 일례로 『푸코의 진자』에서 두 출판사 마누치오Manuzio와 가라몬드Garamond는 각각 인접한 두 건물에 위치하고 건물은 통로로 연결된다. 나는 이 내용을 쓰기 위해 도안을 몇 장씩 그리면서 오랜 시간 동안 통로가 어떻게 생겼을지, 건물의 높이 차이로 인해 계단이 필요하지는 않았을지를 구상했다. 소설에서는 이 계단을 간단히 언급했으므로 독자들도 별다른 생각 없이 그 위를 성큼성큼 지나다녔으리라 생각한다. 하지만 내게는 매우 중요한 공간이어서, 만약 이 계단을 만들지 않았다면 이야기를 이어나가지 못했을 것이다.

영화감독 루치노 비스콘티Luchino Visconti, 20세기 네오리얼리즘을 구현한 이탈리아의 영화감독도 영화를 제작할 때 이런 원칙을 고수했다고 한다. 대본상 두 등장인물이 보물상자에 대해 얘기를 하면, 비스콘티는 실제로 열어볼 일도 없는 상자에 진짜 보석들을 넣어놓고야 말았다. 그렇게 하지 않으면 배우들이 완전히 몰입해서 연기할 수 없기 때문이었다.

『푸코의 진자』를 읽는 독자들이 출판사의 배치도를 정확히 알아야 하는 것은 아니다. 소설 세계의 구조(이야기 속 사건과 등장인물들의 배경)는 작가에게는 기본 사항이지만 대부분의 독자들이 받아들일 때는 모호하다. 그런데 『장미의 이름』 도입부에는 수도원 도면이 있다. 이는 범죄 현장(예컨대 목사관이나 영주의 저택 등)이 존재하는 고전 추리소설들에 대한 익살 넘치는 인용이자, 사실주의에 대한 일종의 역설적 표식으로 그 수도원이 실제로 존재했다는 한 조각의 '증거'이다. 하지만 내게는 독자들이 수도원 안을 돌아다니는 등장인물들의 모습을 생생하게 상상할 수 있으면 좋겠다는 마음도 있었다.

『전날의 섬』 출판 후, 함께 일했던 독일인 발행인은 나에게 선박의 배치를 보여주는 도면을 책에 삽입하는 게 좋지 않았겠느냐고 물었다. 물론 선박의 도면은 갖고 있었다. 그것도 『장미의 이름』에서 수도원 도안을 만들 때 그랬던 것처럼 많은 시간을 들여 구상한 선박 도해들이었다. 하지만 『전날의 섬』의 경우, 나는 독자들에게 혼란을 주고 싶었다. 물론 주인공에게도 그랬다. 주인공은 미로 같은 배 안에서, 그것도 빈번히 신주神酒에 얼근하게 취해 돌아다니다 길을 잃는다. 이렇게 독자들을 정신없이 헷갈리게 하면서도 내 자신은 아주 선명한 상을 그려야 했기 때문에, 앞서 말했듯이 공간을 조사하며 밀리미터 단위까지 계산했던 것이다.

단초적인 아이디어

또 한 가지 자주 받는 질문은 "글을 쓸 때 어느 정도의 개괄적인 아이디어나 상세한 계획을 갖고 시작하느냐?"였다. 세 번째 소설을 낸 후에서야 나는 내 소설들이 하나의 심상에 지나지 않는 단초적인 아이디어들에서 싹을 틔웠다는 사실을 확실히 깨달았다. 『장미의 이름 작가노트Reflections on The Name of the Rose』에서 나는 이 소설을 쓰기 시작한 이유가 '수도사를 독살하고

싫어서'였다고 적었다. 정말 수도사를 독살하려는 욕구가 있었던 것은 아니다. 아니, 수도사든 세속인이든 누군가를 독살하고 싶은 마음은 없었다. 그저 책을 읽다가 독살당하는 수도사의 이미지가 떠올랐을 뿐이다. 그건 어쩌면 열여섯 살 때 겪었던 어떤 경험 때문인지도 모른다. 베네딕트 수도원Benedictine monastery을 방문했을 때였는데, 나는 회랑을 걷다 들어간 어두운 장서관에서 독서대 위에 펼쳐진 『성인전Acta Sanctorum, 교회력 연대로 정리된 성인, 순교자 전기집.』을 발견했다. 그 어마어마한 두께의 책을 훑어보면서 나를 둘러싼 깊은 적막과 스테인드글라스 창으로 스며드는 몇 가닥 빛줄기에 나는 일종의 전율을 느꼈던 것 같다. 30여 년이라는 시간을 훌쩍 넘어 그 전율은 내 무의식 속에서 모습을 드러냈다.

여기까지가 단초가 된 아이디어였다. 나머지는 그 심상을 이해하려고 노력하는 와중에 파편처럼 튀어나왔다. 또 원래는 전혀 다른 목적으로 25년 동안 정리해두었던 중세 파일 목록을 뒤적이는 사이 저절로 떠올랐다.

『푸코의 진자』를 쓸 때는 문제가 다소 복잡했다. 『장미의 이름』을 완성하고 나니 내 첫 번째(이자 마지막이 될 줄 알았던) 소설에 내가 에둘러서라도 할 수 있는 얘기들을 몽땅 쏟아부은 느낌이었다. 내가 쓸 수 있는, 진정으로 내 것인 이야기가 더 남아 있나? 두 가지 심상이 대답처럼 떠올랐다.

첫 번째는 레옹 푸코Léon Foucault, 프랑스의 물리학자로, 지구의 자전을 증명하기 위해 푸코의 진자를 만들어 코플리 상을 수상했다.의 진자였다. 30년 전 파리에서 보았던 진자는 내게 강한 인상을 남겼고, 또 하나의 전율이 되어 오랜 시간 내 의식 깊은 곳에 묻혀 있었다. 두 번째 이미지는 이탈리아 레지스탕스Italian Resistance 참가자들의 장례식에서 트럼펫을 불던 내 모습이었다. 내가 끊임없이 입에 올렸던 진정한 이야기들이었다. 그 이야기가 아름답다고 생각하기도 했고, 또 나중에 제임스 조이스James Joyce의 글들을 읽으면서, 그 경험이 내게는 조이스가 『스티븐 히어로Stephen Hero, 국내에는 '영웅 스티븐 망명자들'이라는 제목으로 출판되었다.』에서 말했던 에피파니epiphany, 진리에 대한 깨달음.와도 같다는 걸 깨우쳤기 때문이기도 했다.

그렇게 나는 진자로 시작해서 화창한 아침 무덤 앞의

작은 트럼펫으로 끝나는 이야기를 쓰기로 결심했다. 하지만 진자에서 트럼펫까지를 어떻게 연결한다? 이 질문에 답하는 데 8년이 걸렸고, 그 대답은 소설이 되었다.

『전날의 섬』은 프랑스 저널리스트가 던진 질문에서 시작됐다. "어떻게 하면 공간을 그토록 생생하게 묘사할 수 있습니까?" 공간 묘사에 대해서는 크게 생각해본 적이 없었지만, 질문을 곰곰이 생각하면서 나는 이미 앞에서 말했던 사실을 깨달았다. 세계를 꼼꼼히 설계하면 공간을 어떻게 묘사해야 할지 알게 된다. 그 공간이 바로 눈앞에 있기 때문이다. 에크프라시스ekphrasis, 세밀한 묘사.라는 고전문학 장르에서는 주어진 이미지(그림이나 조각상 등)를 매우 세세하게 묘사한다. 그리하여 그 대상을 한 번도 본 적 없는 사람들조차 마치 눈앞에 존재하는 양 사물을 그려낸다. 조지프 애디슨Joseph Addison이 『상상력의 즐거움The Pleasures of the Imagination, 1712』에서 적었듯이, "적절히 선택된 단어는 매우 큰 '힘'을 지니기 때문에, '묘사'는 종종 '눈앞에 실재하는 사물'보다 더 생생한 인상을 심어준다". 1506년 로마에서 '라오콘Laocoön'이 발견됐을 때 그

것이 유명한 그리스 조각상이라는 걸 알 수 있었던 이유도 대大플리니우스Pliny the Elder가 『박물지Naturalis Historia』에 남겨둔 묘사 덕분이었다.

그렇다면 공간의 역할이 중요한 이야기를 해도 좋지 않을까? 게다가 나는 처음 두 소설에서 수도원과 박물관, 즉 폐쇄된 문화 공간들만 줄곧 이야기했다. 이제 탁 트인 자연 공간에 대한 글을 써야 할 때가 온 것이다. 그런데 광활한 공간을 배경으로 한 소설을 무엇으로 채워야 할까? 그저 자연 얘기로만? 나의 답은 주인공을 무인도로 데려가는 것이었다.

때마침 나는 지구 곳곳의 지역 시간을 알려주고 180도 자오선 위의 날짜변경선이 표시된 국제시계 하나에 강한 매혹을 느끼고 있었다. 쥘 베른Jules Verne의 『80일간의 세계일주Around the World in Eighty Days』 덕에 누구나 이 경계선의 존재를 알지만, 보통은 별로 염두에 두지 않는다.

자, 내 주인공은 경계선의 서쪽에서 동쪽에 위치하는 섬을 바라봐야 했고, 그 섬은 하루가 더 늦은 곳이었다. 그는 섬에서 조난을 당하는 것이 아니라 섬이 보이는 곳에 고립되어야 했다. 또 수영을 할 줄 몰라야 시간과 공간적으로 멀리 떨어진 그 섬을 그저 바라볼 수밖에 없는 상황에 처한다.

시계를 보면 그러한 숙명적 지점은 알류샨열도Aleutian Islands, 북태평양에 있는 전형적인 호상열도. 안에 있었다. 하지만 주인공을 그곳에 어떻게 가두어야 할지 답이 나오지 않았다. 주인공을 석유 굴착기 위에 조난시켜 볼까? 위에서 나는 특정 공간에 대해 글을 쓸 때 그곳에 가봐야 한다고 말했지만, 알류샨열도처럼 쌀쌀한 지역에 가보자니 전혀 내키지 않았다.

그러던 중 문제를 곰곰이 숙고하며 지도책을 한 장 한 장 넘기다가 날짜변경선이 피지군도도 통과한다는 걸 발견했다. 남태평양제도는 로버트 루이스 스티븐슨Robert Louis Stevenson, 『보물섬』의 작가.과도 관계가 깊었다. 이곳 섬들이 유럽에 알려진 건 17세기였고 나는 바로크 문화에 대해, 『삼총사Les Trois Mousquetaires』와 리슐리외 추기경Cardinal Richelieu, 루이 13세의 재상으로 프랑스 절대 왕정의 기초를 닦은 인물.의 시대에 대해 꽤 잘 아는 편이었다. 펜을 들자 소설은 술술 풀려나갔다.

일단 작가가 명확한 서사의 세계를 설계했다면 다음으로 글이 따라온다. 물론 정해진 세계에 맞는 글이 와야 한다. 이런 이유로 내가 『장미의 이름』에서 택한 문체는 중세 역사 기록자들의 것이었다. 이들 문체는 정밀하고 꾸밈없고 필요할 때는 단조로웠다(겸손한 14세기의 수도사는 제임스 조이스식의 글을 쓰지도, 프루스트식의 회상을 하지도 않기 때문이다). 나아가 내가 읽은 중세 문헌은 19세기에 번역된 기록들이었으니, 당시 라틴어로 작성됐던 중세 역사 기록물들을 문체의 본으로 삼았다 하더라도 그저 간접적으로만 참고가 된 셈이었다. 그보다 더 직접적인 모델이 되었던 문체는 근대 번역자들의 것이었다.

『푸코의 진자』에서는 언어 표현이 다양해야 했다. 세련되고 고풍스러운 알리에의 말씨와 단눈치오D'Annunzio, 이탈리아의 소설가 겸 극작가로, 제1차 세계대전 당시 이탈리아의 참전을 주장한 우익 성향의 민족주의 문학가였다.처럼 파시스트적인 아르덴티 대령의 말투, 벨보의 비밀문서들 속에 등장하는 환멸과 비웃음의 문학적 표현들(두서없이 들어찬 문학적 인용구들이 그야말로 포스트모더니즘적인), 가라몬드 사장의 천박한 말투, 그리고 세 편집자가 무책임한 공상에 빠져 나누는 외설적인 대화들과 박식한 말들 속에 뒤섞이는 어설프고 건방진 언어유희까지. 이러한 '언어 사용의 확장'은 단순히 문체를 선택하는 문제가 아니다. 이것은 사건이 벌어지는 세계의 특징과 등장인물들의 심리에 따라 결정되는 것이다.

『전날의 섬』의 경우 결정적 요소는 문화적 시대라는 점이었다. 시대적 배경은 문체에 영향을 미치는 데 끝나지 않고, 서술자와 등장인물 사이에 진행되는 대화의 구조도 결정하며, 독자에게는 그 모든 사건의 목격자이자 공범자가 되어달라고 끊임없이 간청한다. 이런 종류의 대大서사metanarrative를 선택한 이유는 내 등장인물들이 바로크 시대의 문체로 말을 해야 했다는 사실에서 나온다. 물론 나는 그런 말을 쓸 수 없다. 그래서 나는 심적 상태와 역할 면에서 다중적인 서술자를 둬야 했다. 때로는 등장인물들의 언어 과잉verbal excesses에 짜증을 내고, 때로는 등장인물들의 피해자가 되며, 또 때로는 독자에게 사과하며 그러한 과잉을 누그러뜨리기도 해야 했기 때문이다.

지금까지의 얘기를 정리하면 (1)나의 출발점은 단초적

인 아이디어나 이미지이고 (2)서사 세계의 구조는 소설의 문체를 결정한다. 소설 『바우돌리노』로 네 번째 모험을 떠나면서 나는 이 원칙들을 위반했다. 단초적 아이디어로 말하자면, 적어도 2년 동안 무수히 많은 아이디어들이 떠올랐다. 하지만 단초적인 아이디어들이 너무 많으면 그건 단초적 아이디어가 아니라는 신호다. 어느 날 나는 주인공을 어린 남자아이로 정했다. 그리고 그 아이가 12세기에 세워져 프리드리히 바르바로사Frederick Barbarossa, 신성 로마 제국의 황제.의 군대에 포위당했던 내 고향 알레산드리아Alessandria, 이탈리아 북서부에 있는 도시.에서 태어난 것으로 결정했다. 나아가 주인공 바우돌리노를 전설적인 가글리아우도Gagliaudo의 아들로 삼고 싶었는데, 가글리아우도는 프리드리히 바르바로사가 도시를 정복하기 일보 직전에 의도적인 계략과 거짓말, 사기 등으로 그 계획을 망쳐놓았던 역사 인물이다. 무슨 얘기인지 궁금하다면 책을 읽어보기 바란다.

『바우돌리노』는 내가 사랑해 마지않으며 나의 뿌리이기도 한 중세 시대로, 매혹적인 허구의 세계로 돌아갈 절호의 기회였다. 하지만 기회만으로는 부족했다. 어떻게 시작해야 할지, 어떤 문체를 사용해야 할지, 혹은 진짜 주인공이 어떤 인물일지 등은 생각나지 않았다.

나는 당시 내 고향 지역 사람들이 더 이상 라틴어를 쓰지 않았다는 사실을 곰곰이 떠올렸다. 그들은 어떤 면에서는 태동기에 있던 오늘날의 이탈리아어와 닮은, 새로운 방언을 사용했다. 하지만 당시 이탈리아 동북부 지역에서 쓰던 방언에 대해서는 남아 있는 기록이 없었다. 그래서 나는 지역 통용어를 마음껏 꾸며내어 12세기 포 계곡에서 사용했다는 가상 피지어를 만들었는데 썩 잘 해냈던 것 같다. 이탈리아어 역사 과정을 가르치던 한 친구도(내 발명품을 인증해주거나 꼬투리 잡을 수 있는 사람은 없겠지만) 『바우돌리노』 속의 가상 언어는 그럴듯하다고 말했다.

내 책을 자국어로 옮기는 용감한 번역자들에게는 적잖은 문제가 되었지만, 이 언어는 주인공 바우돌리노의 심리를 드러내는 도구로 잘 사용되었고, 나의 네 번째 소설을 악당이 주인공인, 『장미의 이름』의 대칭점에 선 작품으로 탄생시켰다. 『장미의 이름』이 고급스러운 문체 안에서 지적 담론을 풀어내는 이야기라면, 『바우돌리노』는 농부와 전사, 뻔뻔스러운 음유 시인을 담은 이야기이다. 이렇게 해서 선택한 문체는 내가 하려는 이야기를 좌우했다.

하지만 『바우돌리노』 역시 가장 먼저 떠오른 통렬한 심상에 의지한 작품이라는 걸 인정해야겠다. 나는 오랜 시간 콘스탄티노플Constantinople, 이스탄불의 다른 이름.에 매료되어 있었는데, 한 번도 가본 적은 없었다. 콘스탄티노플을 방문할 구실을 만들기 위해서는 이 도시와 비잔틴 문명에 관한 이야기를 쓸 필요가 있었다. 그렇게 나는 콘스탄티노플을 향했다. 나는 도시의 겉모습 그리고 속에 층층이 감추어진 내면의 세계까지 탐험했고, 소설의 출발점이 된 이미지를 발견했다. 그것은 1204년 십자군 원정대가 불태운 도시의 모습이었다.

콘스탄티노플을 화염 속에 놓고, 젊은 거짓말쟁이와 독일의 황제 그리고 몇몇 동양의 괴물들을 불러오자 곧 소설이 완성됐다. 그렇게 믿고 따라할 만한 비법으로 보이지는 않겠지만, 나에게는 효과가 있었던 방법이다.

덧붙여 말할 것이 있다. 나는 비잔틴 문화에 대한 방대한 문헌들을 읽으면서 니케타스 코니아테스Niketas Choniates라는 당시의 그리스 역사가를 알게 되었고, 이야기 전체를 소위 거짓말쟁이인 바우돌리노가 니케타스에게 전하는 기록으로 삼기로 결심했다. 대서사 구조도 설계했다. 니케타스뿐 아니라 서술자나 독자들조차 바우돌리노의 이야기들을 확실히 믿지 못하는 상황이 바로 그것이다.

제약

앞서 나는 일단 단초적인 이미지를 찾으면 이야기는 술술 풀린다고 얘기했다. 어느 정도까지는 그렇다. 하지만 이야기를 전개하려면 작가는 몇 가지 제약을 부여해야 한다.

모든 예술에서 제약은 기본이다. 화가가 템페라보다는 오일로, 벽보다는 캔버스에 그림을 그리려 할 때, 작곡가가 어떤 조성調聲을 택할 때, 시인이 2행 대구를 택하거나 약강 6보격보다는 11음절 시행을 선택할 때, 모두 제약 장치를 설정한 셈이다. 제약을 넘나드는 듯 보이는 전위 예술가도 마찬가지이다. 눈에 보이지 않을 뿐, 어떤 다른 제약을 설치하는 것은 같다.

종말을 알리는 일곱 나팔을 택하여 일련의 사건들을 예고하는 설정 역시, 내가 『장미의 이름』에서 시도한 것과 같은 하나의 제약이다. 이야기에 정확한 시대를 두는 것도 제약이 될 수 있다. 특정한 역사적 시기를 정하면 벌어질 수 있는 사건과 그럴 수 없는 사건이 나뉘기 때문이다. 『푸코의 진자』에서는 등장인물들이 갖는 비술秘術에 대한 집착과 함께, 카발라Kabbalah, 중세 유대교의 신비주의.의 세피로스Sephiroth, 카발라의 우주론을 상징하는 10개의 원으로 이루어진 생명의 나무.처럼 이야기를 정확히 10부, 120장으로 나눈 것도 내가 만든 제약이었다.

『푸코의 진자』에 설정한 또 한 가지 제약은 등장인물들이 1968년 학생운동을 겪어야 했다는 것이다. 하지만 벨보가 컴퓨터(소설 속에서 우연성과 연계성을 불어넣어 일정 역할을 수행한다)로 문서를 작성하는 바람에 마지막 사건은 1980년대 초가 되어서야 벌어진다. 이탈리아에서 워드프로세서 기능이 있는 최초의 개인용 컴퓨터가 판매된 시기가 1982년에서 1983년 사이이기 때문이다. 덕분에 나는 1968년에서 1983년까지 시간을 흐르게 하기 위해 주인공 카소봉을 다른 어딘가로 보내야 했다. 어디로 보내야 할까? 언젠가 본 적이 있는 마술 의식의 기억으로 브라질이 떠올랐다. 그래서 카소봉을 10년 이상 브라질에 머물게 만들었다. 많은 사람들이 이 부분을 지나치게 긴 탈선이라고 말했지만, 나에게는(그리고 이해심 많은 일부 독자들에게는) 필수적인 과정이었다. 브라질에서 일어나는 일들은 이후 등장인물들이 만날 사건들을 일종의 환각처럼 예감케 하기 때문이다.

IBM이나 애플 사가 워드프로세서를 6~7년 더 일찍 세상에 내놨다면 내 소설은 달라졌을 것이다. 브라질 얘기가 빠지면서, 내 생각으로는 엄청난 손실을 봤을 것 같다.

『전날의 섬』에서는 일련의 시간적 제약에 바탕을 두었다. 예컨대 나는 주인공 로베르토가 리슐리외의 사망일(1642년 12월 4일) 하루 전날 파리에 있기를 원했다. 로베르토가 리슐리외의 임종을 지켜볼 필요가 있다고 생각해서였을까? 전혀 아니다. 로베르토가 고통스럽게 최후를 맞는 리슐리외를 보지 않았어도 이야기는 똑같이 흘러갔을 것이다. 게다가 내가 제약을 설정했을 때는 그 제약이 어떤 역할을 하게 될지 나도 알지 못했다. 나는 다만 죽음의 문턱에 선 리슐리외를 보여주고 싶었다. 단순한 사디즘의 발로였던 셈이다.

하지만 이러한 시간 제약 덕에 나에게는 풀어야 할 퍼즐이 생겼다. 로베르토는 이듬해 8월까지는 섬에 도착해야 했다. 내가 그 섬들을 방문했던 시기가 그때였고, 밤하늘에 떠오르는 해를 묘사할 수 있는 계절이 그때뿐이었다. 배를 타고 6~7개월 만에 유럽에서 멜라네시아까지 항해하는 건 불가능한 일이 아니었지만, 이 지점에서 나는 엄청난 난관에 봉착했다. 8월이 지나면 누군가 난파된 배의 잔해 위에서 로베르토의 일기장을 발견해야 했다. 하지만 네덜란드 탐험가 아벨 타스만Abel Tasman은 6월 전에, 즉 로베르토가 도착하기 전에 피지 섬들에 닿았을 것이다. 그래서 독자들을 설득하기 위해 마지막 장에서 제시한 것이, 타스만이 항해 일지에는 적지 않았지만 군도를 두 번 지나갔거나(그리하여 독자와 작가 사이에 침묵과 음모, 모호성 등을 상상하게 만드는), 바운티 호의 반란 속에서 추방당한 블라이Bligh 선장이 섬에 상륙했을 거라는(이 쪽이 더 매혹적인 추측이자, 두 텍스트의 우주를 결합시키는 멋지고 반어적인 방법이다) 암시였다.

이 외에도 내 소설에는 다른 많은 제약들이 있지만 전부 다 공개하기는 어렵다. 성공할 수 있는 소설을 쓰려면 어떤 비법들은 비밀에 부쳐두어야 한다.

『바우돌리노』의 경우 이미 말한 것처럼 1204년 화염에 싸인 콘스탄티노플의 모습으로 이야기를 시작하고 싶었다. 나는 바우돌리노가 요한 사제Prester John의 서신을 날조하여 알레산드리아를 세우는 데 일조하게 할 생각이었기 때문에, 그의 생년을 1142년경으로 정하여 1204년에는 이미 예순두 살이 되어 있도록 만들어야 했다. 이런 점에서 이야기는 종착역에서 시작하여, 바우돌리노가 일련의 과거를 회상하며 자신의 모험담을 들려주는 구조가 될 필요가 있었다. 여기까지는 문제가 없다.

그런데 바우돌리노가 콘스탄티노플에 들어가는 건 요한 사제의 왕국에서 돌아오는 길이었다. 자, 요한 사제가 썼다는 가짜 서신은 역사적으로 보자면 1160년에 날조된다(혹은 세상에 알려진다). 그리고 소설 속 바우돌리노가 가짜 서신을 쓴 이유는 프리드리히 바르바로사가 신비의 왕국을 향해 진군하도록 설득하기 위해서였다. 그렇기 때문에 바우돌리노가 약 15년 동안 왕국을 향해 여행하고 그곳에서 머물다 수많은 모험을 겪고 빠져나온다 하더라도 순례를 떠나는 건 1198년에나 가능하다(바르바로사가 동방을 향해 움직인 시기가 바로 그때라는 것도 역사적으로 입증된 사실이다). 그러면 1160년에서 1190년 사이에 바우돌리노에게 도대체 어떤 행적을 만들어줘야 할까? 왜 서신을 전한 직후에 바로 탐험을 시작하지 못했을까? 여기에 『푸코의 진자』에서 컴퓨터가 했던 역할과 어느 정도 비슷한 요소가 있다.

이처럼 나는 바우돌리노에게 정신없이 일을 만들어주고, 끊임없이 원정의 출발을 늦추어야 했다. 그러고는 여러 가지 사건들을 고안해낸 다음에야 마침내 세기의 끝에 도달할 수 있었다. 그리고 그런 과정을 통해야만 소설은 바우돌리노에게도 독자들에게도 짜릿한 욕구Twinge of Desire를 만들어낸다. 바우돌리노는 왕국을 갈망하지만 그곳을 찾는 일을 끊임없이 유예해야 한다. 이렇게 요한 사제의 왕국은 책을 읽는 독자들에게도 갈망의 대상이 된다. 다시 말하지만, 이런 것이 바로 제약의 이점이다.

이중코드 기법

나는 오직 자기 자신을 위해 글을 쓰는 나쁜 작가들의 무리에 속하지 않는다. 자기만족적인 작가들이 쓰는 글은 쇼핑 목록과 같다. 쇼핑 목록은 구입할 물건들을 기록해두었다가 볼일을 본 후에 던져버리면 그만이다. 세탁물 목록을 비롯하여 그 외의 모든 것은 다른 사람에게 전하는 메시지이다. 독백이 아니라 대화인 것이다.

근래 일부 비평가들은 내 소설에 전형적인 포스트모던의 특징, 즉 이중코드 기법double coding이 담겨 있다는 걸 인지했다.[4]

『장미의 이름 작가노트』에서 언급했지만, 포스트모더니즘이 무엇이든 나는 처음부터 의식적으로 최소한 두 가지의 전형적인 포스트모던 기법을 사용했다. 하나는 상호텍스트적 아이러니intertextual irony로, 다른 유명 작품들을 직접 인용하거나 어느 정도 명료하게 참고하는 것이다. 다른 하나는 대서사로, 작가가 독자들에게 직접 말을 걸 때 텍스트 자체가 만들어내는 반영물이다.

'이중코드'는 상호텍스트적 아이러니와 내포된 대서사의 매력을 동시에 사용하는 기법이다. 이중코드라는 말을 처음 만든 사람은 건축가 찰스 젠크스Charles Jencks인데, 그는 포스트모던 건축 양식은 "적어도 두 가지를 동시에 표현해야 한다"고 말했다. 하나는 다른 건축가들과 건축학적 의미에 관심을 갖는 소수 집단에 대해서이고, 또 다른 하나는 일반 대중에 대해, 혹은 편안한 전통 건축물과 생활양식에 관한 다른 문제들에 관심이 있는 지역 주민들에 대해서이다.[5] 그는 더 나아가 다음과 같이 규정한다. "포스트모던 건축물과 예술 작품은 '고급' 코드를 사용하는 소수 집단과 엘리트 대중 그리고 대중적 코드를 사용하는 다수 대중을 동시에 만족시킨다."[6]

내 소설에서 이중코드의 예를 하나 들어보자. 『장미의 이름』은 작가가 오래전 중세 시대의 책 한 권을 어떻게 손에 넣게 되었는지 설명하면서 출발한다. 약간 노골적인 상호텍스트적 아이러니의 사례이다. 재발견된 원고라는 토포스(topos, 말하자면 문학에서 통용되는 주제)는 계보를 봐도 믿을 만하다. 아이러니는 이중적이고 대서사의 암시도 마찬가지이다. 소설 속 원고를 원본의 19세기 번역본으로 구할 수 있었다고 말하는 부분이 그렇다. 이는 이야기 속에 존재하는 신新고딕 소설의 요소들을 합리화하는 주장이다. 순진하거나 평범한 독자들은 이 중국 상자 Chinese box, 큰 상자를 열면 계속해서 더 작은 상자가 나오는 중첩 구조.의 법칙을, 즉 이야기에 모호한 기운을 부여하며 자료들이 거슬러 올라가는 구조를 눈치 채지 못하는 이상 전개되는 이야기를 즐길 수 없다.

그런데 기억할지 모르겠지만, 중세 시대 문헌에 대해 얘기하는 서문의 가장 첫머리는 '당연히, 이것은 수기다'이다. '당연히'라는 단어는 지적인 독자들에게 특별한 효과를 발휘했을 것이다. 이제 이들 독자들은 자신들이 문학적 토포스를 대하고 있으며, 작가가 '영향에 대한 불안 anxiety of influence'을 드러내고 있다는 걸 깨닫게 된다. 적어도 이탈리아 독자들은 이와 같은 의도적 인용을 보면서 19세기 이탈리아의 위대한 소설가 알레산드로 만초니 Alessandro Manzoni를 떠올리고, 만초니는 그의 소설 『약혼자 The Betrothed』의 서두에 17세기 고문서가 내용의 출처라고 쓰고 있기 때문이다. '당연히'라는 표현의 아이러니한 울림을 이해하는 독자가 얼마나 될까? 많지는 않을 것이다. 그런 원고가 정말 존재하는지를 묻는 독자 편지도 허다하게 받아보았다. 그렇다면 이러한 암시를 완전히 파악하지 못하는 독자라도 소설의 이야기를 이해하고 그 맛을 제대로 느낄 수 있을까? 나는 그렇다고 생각한다. 그저 내가 던진 윙크를 알아채지 못했을 뿐이다.

인정한다. 작가는 이중코드 기법을 이용하여 지적인 독자들과 일종의 암묵적 공모 관계를 확립한다. 일부 일반 독자들은 세련된 암시를 파악하지 못할 경우 무언가가 손에 잡히지 않는다는 느낌을 받을 수 있다. 하지만 문학의 목적이 오로지 사람들을 즐겁게 하고 위로하는 것에만 있다고는 생각하지 않는다. 문학은 독자들이 내용을 더 잘 이해하고자 하는 바람 때문에 같은 책을 두 번, 세 번씩 읽도록 도발하고 영감을 준다. 이와 같이 나는 이중코드가 지루한 귀족적 경련aristocratic tic이 아니라 독자들의 지성과 소설에 대한 애정에 경의를 표하는 한 방식이라고 믿는다.

II. 저자와 텍스트 그리고 해석자

나는 어떤 학문에 대한 책이건 일종의 추리소설,
즉 어떤 종류의 성배聖杯를 찾는 탐구 보고서처럼
써야 한다고 말하고 싶다.

때때로 내 소설을 번역하는 번역자들이 이렇게 물을 때가 있다.

"이 문장을 어떻게 번역해야 할지 당혹스럽습니다. 문장이 너무 모호합니다. 두 가지 다른 방식으로 읽힐 수 있는데, 당신의 의도는 무엇입니까?"

경우에 따라, 내 대답은 세 가지이다.

1. 맞다. 내 표현이 잘못됐다. 오해의 소지를 없애달라. 다음 이탈리아어 판본을 낼 때 나도 그렇게 고치겠다.
2. 의도적으로 모호하게 썼다. 주의 깊게 보면 텍스트가 달

리 읽힐 수도 있다. 그러니 번역할 때도 모호성이 유지될 수 있도록 최선을 다해달라.

3. 모호한지 몰랐고, 솔직히 그럴 의도도 없었다. 하지만 독자의 눈으로 보니 이 모호성이 매우 흥미롭고, 글을 전개하는 데도 유익하다. 번역할 때 이런 효과가 잘 살아나도록 최선을 다해달라.

내가 이미 죽어 이 세상에 없다면(이번 세기가 다하기 전에 사실이 될 확률이 높은 조건법적 서술이다), 번역자들(일반 독자나 해석자처럼 사고하는)도 내 대답과 다를 바 없는 세 가지 결론에 이를 것이다.

1. 이런 모호성은 무의미하고 독자들의 이해를 방해한다. 저자도 몰랐을 것이다. 그러니 모호성을 없애는 게 낫다. 예를 들어 'Quandoque bonus dormitat Homerus(호메로스처럼 위대한 사람도 졸 때가 있다)'라는 라틴어 문장은 'Sometimes even good Homer nods(호메로스처럼 위대한 사람도 고개를 끄덕여 실수를 인정할 때가 있다)'라고 바꿔줘야 한다.우리 속담으로 치면 원숭이도 나무에서 떨어진다는 뜻이다.

2. 저자가 의도적으로 모호하게 썼을 가능성이 높으므로, 나도 저자의 결정을 존중하는 게 마땅하다.
3. 저자는 자기 글이 모호한지 몰랐을 것이다. 하지만 텍스트를 놓고 볼 때 이런 불확실성 덕분에 함축적 의미와 풍자가 풍부해졌다. 전체적인 텍스트 전략에 매우 유용하다.

내가 여기에서 말하고자 하는 바는 소위 '창조적' 작가(앞서 이 짓궂은 용어가 어떤 의미를 지닐 수 있는지 설명했다)는 자기 작품에 대한 해석을 제시해서는 안 된다는 말이다. 텍스트는 게으른 기계와 같아서, 제가 할 일을 독자에게 나누어주려 한다. 한마디로 텍스트는 독자로부터 해석을 끌어내기 위해 고안된 장치이다(『이야기 속의 독자The Role of the Reader』에 썼듯이). 텍스트에 의문이 들 때 저자에게 질문하는 건 무의미하다. 동시에 독자는 텍스트를 읽고 싶은 대로만 읽으면서 아무 해석이나 끌어내서는 안 되고, 어떤 독해 방식이 어떤 면에서 그 텍스트에 적합하고 바람직한지 확실히 이해해야 한다.

『해석의 한계The Limits of Interpretation』에서 나는 저자의 의도와 독자의 의도, 텍스트의 의도를 구분했다.

1962년에는 『열린 예술 작품Opera aperta』을 집필했다.[1] 이 책에서 나는 미학적 가치를 지닌 텍스트를 읽을 때 해석자가 능동적인 역할을 해야 한다고 강조했다. 이 글을 썼을 때 독자들은 전체 그림에서 주로 '열림'의 측면에 중점을 두면서, 내가 옹호하는 '무한히 확장되는 독서open ended reading'가 특정한 작품이 이끌어낸(그리고 그 작품의 해석을 목표로 한) 능동성이라는 사실을 간과했다. 다시 말해서, 나는 텍스트의 권리와 해석자의 권리 사이의 변증법을 연구하고 있었다. 그리고 지난 몇 십 년 동안 해석자의 권리는 지나치게 강조됐다고 생각한다.

다양한 작품 활동 중에서도 내가 공들인 부분은 최초에 퍼스C. S. Peirce가 정리했던, 무한한 기호현상에 관한 아이디어였다. 하지만 무한한 기호현상이라는 관념이 곧 해석에 아무런 기준이 없다는 결론으로 연결되는 것은 아니다. 한 예로 무제한적 해석은 과정이 아니라 체계와 관련된다.

명확하게 말해보자. 언어 체계는 무한한 언어의 고리를 생성하는 장치이다. 어떤 용어를 찾기 위해 사전을 들추면 우리는 그 정의와 유의어(즉, 다른 단어)를 보게 되고,

유의어의 의미를 찾다 보면 그 정의를 통해 또 다른 단어를 보게 되며, 아마도 '무한정' 그렇게 계속 이어질 것이다. 사전은, 조이스가 『피네간의 경야Finnegans Wake』를 두고 말한 것처럼, 이상적인 불면증에 시달리는 이상적인 독자들을 위해 만들어진 이상적인 책이다. 좋은 사전은 순환성을 띨 수밖에 없다. '고양이'라는 단어의 뜻을 설명하려면 다른 단어를 사용해야 한다. 그렇지 않다면 사전을 덮어버려도 좋다. '고양이'를 가리켜 '그것은 고양이다'라고 설명한다면 말이다. 아주 손쉬운 이런 방식의 설명을 우리는 어린 시절에 매우 흔하게 들었다. 하지만 우리가 '공룡'이나 '그러나', '율리우스 카이사르Julius Caesar', 혹은 '자유'와 같은 단어의 의미를 알게 된 방법은 그런 게 아니다.

이와 반대로 텍스트는 체계의 가능성을 조작한 결과물로서 언어 체계 자체만큼 열려 있지 않다. 텍스트를 작성하면 선택 가능한 언어의 범위는 축소된다. '존은 무엇무엇을 먹고 있다'라는 글을 쓴다면, '무엇무엇'의 자리에 올 단어는 '명사'일 확률이 매우 높으며, 이 명사가 '계단'이 될 가능성은 없다(물론 문맥에 따라서는 '칼'이 들어갈 수도 있겠다). 무한한 언어의 고리를 생성할 가능성이 축소되면, 텍스트를 읽을 때 시도할 수 있는 특정한 해석의 범위도 축소된다. '나'라는 대명사는 '내가 포함된 문장을 말하는 사람'을 의미하며, 따라서 사전에서 제시하는 일단의 가능성들을 참조하면 '나'는 링컨 대통령이 될 수도, 오사마 빈 라덴이 될 수도, 그루초 막스Groucho Marx, 미국의 영화배우나 니콜 키드먼, 또는 과거나 현재, 미래에 존재하는 수십 억 지구인들 중 어느 누군가도 될 수가 있다. 하지만 자크 데리다Jacques Derrida가 존 설John Searle과 주고받은 편지에서 서명과 문맥에 관한 유명한 논쟁을 벌이면서 제기했던 이견과는 무관하게, 내 이름이 서명된 편지에서 '나'는 '움베르토 에코'다.[2]

텍스트에 대한 해석이 잠재적으로 무한할 수 있다는 말은 해석에 대상이 없다는, 즉 해석할 때 중점을 둘 것(사실이건 텍스트이건)이 존재하지 않는다는 뜻이 아니다. 텍스트가 잠재적으로 열려 있다는 말은 해석 행위 하나하나가 모두 유의미할 수 있다는 의미가 아니다. 『해석의 한계』에서 왜곡 가능성에 대한 일종의 기준을 제안했던

(철학자 칼 포퍼Karl Popper에게서 영감을 받아) 이유도 이 때문이다. 주어진 해석이 잘된 해석인지, 같은 텍스트에 대한 두 가지 해석 중 어느 쪽이 더 나은 해석인지 판단하고 결정하기란 어려운 일일지 모르지만, 뻔히 보이게 잘못되거나 말도 안 되거나 억지스러운 해석들은 언제든 가려낼 수 있다.

당대의 몇몇 비평 이론에 따르면 신뢰할 수 있는 유일한 텍스트 독해는 오독이며, 텍스트는 오직 그 안에서 끌어낸 일련의 반응들 덕분에 존재한다. 하지만 여기서 일련의 반응이란 텍스트를 무한한 용도로 삼을 수 있다는 의미이지(예컨대 난로에 불을 지피는데 장작 대신 『성경』을 사용할 수도 있다), 몇 가지 허용 가능한 추측에 기대어 텍스트의 의도를 해석할 수 있다는 뜻은 아니다.

텍스트의 의도에 대한 추측이 허용 가능하다는 건 어떻게 입증할 수 있을까? 유일한 방법은 텍스트를 일관된 전체로서 살펴보는 것이다. 오래전 성 아우구스티누스Augustine(그의 책 『기독교 교육론De Doctrina Christiana』을 참고하라)로부터 유래한 이러한 발상에 따르면, 텍스트의 특정 부분에 대한 해석이 같은 텍스트의 다른 부분을 통해 뒷받침되면 그 해석은 허용될 수 있다(즉, 텍스트의 다른 부분과 충돌을 일으키면 그 해석은 폐기해야 한다). 이런 점에서 텍스트의 내적 일관성은 자칫 통제를 벗어날 수도 있는 독자의 충동을 제어한다.

의도적으로 혹은 계획적으로 가장 대담한 해석을 부추기는 텍스트와 관련된 예를 들어보자. 이 텍스트는 바로 『피네간의 경야』이다. 1960년대 〈어웨이크 뉴스리터A Wake Newslitter〉라는 잡지에, 『피네간의 경야』에 나오는 사건이 실제 역사적 사건에 대한 암시라는 해석을 다루는 글이 실린 적이 있다. 1938년 독일에 의한 오스트리아 합병과 같은 해 9월 뮌헨 조약의 관계 등을 다룬 논고였다.[3]

네이선 하퍼Nathan Halper는 두 사건의 관계에 관한 해석들에 이의를 제기하면서, 합병Anschluss이라는 단어가 일상적으로 비정치적인 인상을 준다며('연관성connection'이나 '포함inclusion'처럼) 문맥상 정치적 해석이 뒷받침되지 않는다고 지적했다. 『피네간의 경야』에서 아무거나 끄집어내는 일이 얼마나 쉬운지 보여주기 위해 하퍼는 베리야Beria의 예를 들었다. 무엇보다 『개미와 귀뚜라미의 이야기The Tale of the Ondt and the Gracehoper』의 시작 부분에서, 그는 '소비에트So vi et!'라는 표현을 발견했고, 그것이 유사 공산주의적 개미 사회와 관련이 있을 거라고 생각했다. 한 페이지 뒤에서는 'berial(베리얼)'에 대한 암시도 발견할 수 있는데, 한눈에 보기에도 'burial(매장)'이라는 단어의 변이형이었다. 이 부분을 구소련의 서기였던 라브렌티 베리야Lavrenti Beria에 대한 언급이라고 봐도 좋을까? 하지만 베리야가 서방세계에 알려진 시기는 1938년 12월 9일, 그가 소련 내무인민위원을 맡은 후였고(그전까지는 하급 공직에 있었다), 1938년 12월에 조이스의 원고는 이미 출판사에 넘어가 있었다. 그리고 'berial'이라는 단어는 1929년 〈트랜지션Transition〉 12호에 이미 등장한다. 외적 증거라는 영역 안에 의문이 자리를 튼 셈이었다. 그런데 일부 해석자들은 조이스에게 베리야의 성공을 내다보는 예언 능력이 있는 게 틀림없다고 말했다. 어처구니없는 일이지만, 조이스 애호가라면 이보다 더한 얘기도 할 수 있을 것이다.

더 흥미로운 것은 내적(즉, 텍스트적) 증거이다. 〈어웨이크 뉴스리터〉에서 다음 문제를 제기한 사람은 루스 폰 풀Ruth von Phul이었다. 그는 다음과 같이 지적한다.

"'소비에트'는 권위주의적 종교 집단에 속한 사람들이 사용하는 '아멘Amen'이란 뜻을 의도한 단어일 수 있다. 이 부분의 일반적 문맥은 정치적인 게 아니라 성서적이다. 또한 개미Ondt가 '베피의 왕국은 나의 통치가 번영하는 만큼 광대할 것이다(As broad as Beppy's realm shall flourish my reign shall flourish!)'라고 말하는데, 베피Beppy는 이탈리아어로 '요셉Joseph'의 지소사指小辭, 원래의 뜻보다 더 작은 개념 혹은 그렇게 파생된 말.이다. 'berial'은 한 번은 웅덩이에, 또 한 번은 감옥에, 상징적으로 두 번 매장buried된 성서의 요셉(야곱Jacob과 라헬Rachel의 아들)에 대한 완곡한 암시일 수 있다. 요셉은 에브라임Ephraim을 낳았고, 에브라임은 브리아Beriah(역대기 23:10)를 낳았으며, 요셉의 형제 아셀Asher에게는 브리아Beriah라는 아들이 있었다 등등."[4]

폰 풀이 찾아낸 많은 암시들은 분명 억지스럽지만, 지적한 부분이 사실상 전부 성서적이라는 점은 부인할 수 없다. 따라서 텍스트적 증거를 보아도 역시 조이스의 작품과 라브렌티 베리야는 관계가 없어 보인다. 성 아우구스티누스도 여기에 동의했을 것이다.

텍스트는 모델 독자Model Reader를 만들기 위해 고안된 장치이다. 모델 독자는 '무조건 옳은' 추측만 하는 사람들이 아니다. 텍스트는 모델 독자에게 무한하고 다양한 추측을 유도할 수 있다. 경험적 독자Empirical Reader는 텍스트가 상정한 유형의 모델 독자에 대해 추측하는 배우에 불과하다. 텍스트의 의도는 기본적으로 텍스트를 추측할 수 있는 모델 독자를 만들어내는 것이므로, 모델 독자의 과제는 경험적 작가Empirical Author가 아닌, 궁극적으로 텍스트의 의도와 일치하는 모델 작가Model Author를 이해하는 것이다.

텍스트의 의도를 인지한다는 말은 기호 전략semiotic strategy을 인지한다는 말과 같다. 때때로 기호 전략은 확립된 문체적 관습에 바탕을 둔다. 어떤 이야기가 '옛날 옛적에'라는 말로 시작되면 이 이야기는 동화일 가능성이 매우 높고, 텍스트가 상정한 모델 독자는 어린아이(혹은 아이 같은 정신세계에 빠지고 싶은 어른)가 될 것이다. 물론 그 안에 역설적인 어조가 들어 있을 수도 있다. 그런 경우라면 이어지는 내용들은 좀 더 지적인 방식으로 읽어야 한다. 하지만 텍스트의 전개를 놓고 전체적으로 어떠한 방식으로 읽어야 한다는 말은 할 수 있지만, 중요한 것은 그 텍스트가 동화인 척하며 시작되었다는 점이다.

텍스트가 병 안에 든 편지처럼 세상에 던져질 때(시나 서사뿐 아니라 칸트Kant의 『순수이성비판Critique of Pure Reason』 같은 책들도 마찬가지이다), 다시 말해서 텍스트가 한 개인이 아니라 독자라는 집단을 위해 만들어질 때, 저자는 이 글이 자신의 의도대로 읽히는 것이 아니라 복잡한 상호작용 전략에 따라 해석된다는 걸 잘 알고 있다. 그 상호작용에는 사회적 보고寶庫인 독자들의 언어 능력까지 영향을 미친다. 여기서 '사회적 보고'라는 말은 일단의 문법적 규칙을 이루는 특정 언어를 뜻하기도 하지만, 언어 행위가 낳은 하나의 온전한 백과사전, 즉 해당 언어와 함께 발전한 문화적 전통과, 독자가 읽고 있는 텍스트를 비롯하여 많은 텍스트들에 대한 지나간 해석의 역사를 의미하기도 한다.

독자 개개인이 모든 것에 통달하기는 어렵지만, 읽는 행위에는 이 모든 요소들에 대한 고려가 들어가 있어야 한다. 이렇게 모든 독해 행위는 독자의 능력(독자가 갖고 있는 지식의 수준)과 주어진 글의 경제적 능력(즉 텍스트에 대한 이해와 흥미를 확대하면서도 문맥을 통해 깊은 의미를 부여할 수 있는) 사이의 복잡한 상호작용이다.

이야기의 모델 독자는 경험적 독자가 아니다. 경험적 독자는 글을 읽는 당신이나 나나, 어느 누구나 될 수 있다. 경험적 독자들은 여러 가지 방식으로 책을 읽을 수 있다. 여기에는 그 책을 어떻게 읽어야 하는지를 말해주는 아무런 법칙도 존재하지 않는다. 이들 독자들은 텍스트를 열정을 위한 매개체, 즉 텍스트 외적으로 발생한 열정이나 그 텍스트가 우연히 불러일으킨 열정을 표현하는 수단으로 이용하기 때문이다.

내 책을 읽은 독자가 모델 독자가 아닌 경험적 독자로 행동했던 재미있는 사례가 있다. 두 번째 소설 『푸코의 진자』를 출판한 후, 몇 년 동안 만나지 못했던 어릴 적 친구에게 나는 이런 편지를 받았다.

> 움베르토에게
>
> 내가 자네에게 우리 삼촌 내외의 안타까운 얘기에 관해 말해준 기억은 없지만, 그 얘기를 소설에 써먹다니 정말이지 경솔했네.

책 속에는 주인공 야코포 벨보의 큰삼촌 내외인 카를로와 카테리나에 관련된 일화가 몇 가지 나온다. 그 사람들이 실제로 존재했다는 건 맞는 말이다. 약간 변형시키긴 했지만 어린 시절 내 삼촌 내외의 이야기였으니 말이다. 물론 그분들의 이름은 소설 속 등장인물들의 이름과는 다르다. 나는 친구에게, 카를로와 카테리나는 내 친척의 이야기이고(따라서 나한테 저작권이 있다고), 그에게는 삼촌이 있었는지도 몰랐다는 내용의 답장을 보냈다. 그러자 친구는 다시 나에게 사과 편지를 보냈다. 자신이 이야기에 너무 몰입한 나머지, 몇 가지 사건들을 실제로 삼촌 내외가 겪은 일이라 생각했다는 것이다. 불가능한 얘기도 아니었다. 전시(戰時, 내 기억이 거슬러 올라갔던 시기)에는 비슷한 일들이 어떤 삼촌 부부에게라도 일어날 수 있기 때문이다.

내 친구에게 어떤 일이 벌어졌던 걸까? 그는 내 이야기에서 자신의 사적인 기억 속에 있던 뭔가를 찾으려 했다. 내 텍스트를 해석한 것이 아니라 수단으로 삼은 것이다. 텍스트를 이용하여 백일몽을 꾸는 것이 금지된 일도 아니고, 또 우리는 무척 빈번하게 그런 경험을 한다. 그러나 그건 공적 경험이 아니다. 이런 식으로 텍스트를 이용한다는 건 마치 개인 일기장을 보듯 텍스트 안을 돌아다닌다는 의미이다.

게임에는 규칙이 있고, 모델 독자는 그런 게임에 열렬히 참여하는 사람이다. 내 친구는 어떤 게임을 하고 있는지 망각하고, 경험적 독자로서 자신이 갖는 기대치를 저자가 모델 독자에게 원하는 기대치 위에 덧붙였다.

『푸코의 진자』 115장에서, 주인공 카소봉은 1984년 6월 23일에서 24일로 넘어가는 밤에 파리의 기술공예박물관에서 주술 의식을 목격하고는 뭔가에 홀린 사람처럼 생마르탱 가를 가로지르고 우르스 가Rue aux Ours를 건너 퐁피두센터에 다다랐다가 다시 생 메리 교회Église Saint Merri로 향한다. 그 후 그는 계속해서 일일이 이름이 명시된 여러 거리들을 걷다가 보주광장Place des Vosges에 이른다.

앞에서 얘기했지만, 나는 이 장을 쓰기 위해 녹음기를 들고 내가 본 것들과 받은 인상을 기록하며 몇 날 며칠 동안 같은 길을 걸었다(나는 경험적 독자가 되어 여기에 나의 방법론을 고백하고 있다). 게다가 언제 어느 위치에서든 그 순간의 하늘을 보여주는 컴퓨터 프로그램을 갖고 있던 덕에, 나는 그날 밤에 달이 떴다는 것과 그 모습이 시간대에 따라 어떤 장소에서 어떻게 비추어질지까지도 알아냈다. 내가 이렇게 하는 이유는 에밀 졸라Emile Zola, 프랑스의 자연주의 소설가.의 사실주의를 흉내 내고 싶어서가 아니라, 이미 말한 것처럼 글을 쓰는 동안 텍스트에 담기는 장면들을 눈앞에 생생하게 떠올리기 위해서이다.

소설이 출간된 후 한 독자에게 편지를 받았는데, 내용을 보니 분명 국립도서관을 찾아가 1984년 6월 24일자 신문들을 모두 찾아본 게 틀림없는 듯 보였다. 이 독자는 소설 속 이날 레오뮈르 가(Rue Réaumur, 소설에는 이름을 언급하지 않았지만, 생마르탱 가와 교차하는 거리 이름) 한 귀퉁이에서 자정이 지나 카소봉이 그곳을 지나갔을 시간 즈음에 화재가, 그것도 대형 화재가 났다는데 어찌하여 카소봉이 그 광경을 못 보고 지나칠 수 있었느냐고 물었다.

그래서 나는 카소봉이 분명 화재 장면을 보긴 봤으나 이런저런 이유 때문에 언급하지 않았을 뿐이라고, 그러나 그 이유는 나도 모른다고 대답했다. 이 소설이 사실이든 허위든 수수께끼로 가득하다는 점을 감안하면 그럴듯한 대답이었다. 아마도 그 독자는 성전기사단의 또 다른 음모가 있는 것은 아닌지 의심하며, 아직도 카소봉이 그 화재에 대해 침묵한 이유를 찾아내려고 애쓰고 있을지 모르겠다. 사실 내가 그 장소를 지나칠 때는 자정이 아니라, 불이 나기 직전이거나 불을 끈 직후였던 것 같다. 확실히는 알 수 없다. 다만 내 독자가 나름의 목적을 갖고 텍스트를 이용했던 것만은 분명하다. 그는 소설의 모든 세부 사항들이 현실 세계에서 일어났던 일들과 일치하기를 원했던 것이다.

같은 날 밤과 관련된 에피소드가 한 가지 더 있다. 차이가 있다면 앞의 사례에서는 독자가 사소한 것에 집착하며 내 소설이 현실 세계와 일치하기를 바란 것이고, 다음의 사례에서는 현실 세계가 나의 허구 세계와 일치하기를 원했다는 점이다.

어느 날 파리 예술학교 에콜 데 보자르Ecole des Beaux-Arts에 다니는 학생 두 명이 나를 찾아와, 카소봉이 걸었던 경로 전체를 재현하여 담은 사진첩을 보여주었다. 두 학생은 내가 언급했던 장소 한 곳 한 곳을, 책에 적힌 시간대에 맞춰 찾아다니며 사진을 찍었다. 115장 끝부분에서 카소봉은 도시의 하수로를 빠져나와 포도주 저장고를 거쳐 땀 흘리는 손님들과 맥주 통들, 기름투성이 쇠꼬챙이들로 가득한 동양식 술집에 들어간다. 학생들은 실제로 그 술집을 찾아가 사진을 찍었다. 동네에서 볼 수 있는 여러 술집들을 생각하며 쓰긴 했지만, 책 속의 술집은 말할 필요도 없이 내 머릿속에서 만들어낸 곳이었다. 하지만 이 두 소년은 의심의 여지없이 소설 속에 묘사됐던 술집을 발견했다. 다시 말하지만, 이 학생들은 모델 독자로서의 의무감에 내 소설 속 묘사들이 실제 파리의 모습과 같은지 보고 확인하고 싶어 하는 경험적 독자로서의 호기심을 더해 이런 일을 벌인 것이 아니었다. 그보다는, '현실'의 파리를 내 소설 속에 존재하는 공간으로 변형시키고 싶어 했다. 실제로 그들은 파리에서 볼 수 있는 모든 정경들 중에서, 소설 속 묘사와 일치하는 모습들만을 골라 담았다.

물론 텍스트 안에 존재했던 술집은 내 머릿속에 들어있던 상상의 소산일 뿐이었다. 텍스트 속 술집의 존재 앞에서 경험적 작가의 의도는 그다지 중요치 않게 된다. 작가들은 스스로도 전혀 인식하지 못하는 것들에 대해 자주 얘기한다. 그리고 독자들이 반응을 보이면 그제야 자신이 무엇을 말했는지 알게 된다.

하지만 경험적 작가의 의도가 이해를 넓혀주는 경우도 있다. 저자가 살아 있고, 비평가들이 텍스트에 대한 해석들을 제시했으며, 저자에게 경험적 인간으로서 텍스트가 뒷받침하는 여러 해석들을 어디까지 예측하고 있었는지 물을 수 있을 때 그렇다. 이 지점에서 저자는 텍스트에 대한 해석들을 입증하려고 노력할 게 아니라, 저자의 의도와 텍스트의 의도 사이에 존재하는 차이를 인정하려고 노력해야 한다. 이 논의의 목적은 비판이 아니다. 원래 이론적으로 그럴 수밖에 없기 때문이다.

마지막으로 저자가 텍스트의 이론가이기도 한 경우가 있다. 이 경우 저자가 보이는 반응은 둘 중 하나이다. "내 의도는 그게 아니었지만 텍스트를 보니 그렇게 해석할 수 있다는 걸 인정한다. 이 부분을 깨닫게 해준 독자들에게 고맙게 생각한다." 혹은 "내가 의도하지 않았다는 사실과는 별개로, 합리적인 독자라면 그런 해석을 받아들여서는 안 된다고 생각한다. 그런 해석은 비경제적이기 때문이다."

이제 내가 경험적 작가로서 텍스트의 의도에 집착하는

한 독자에게 항복해야 했던 얘기를 해보자.

『장미의 이름 작가노트』에 나는 「제5일, 9시과」에서 재판이 끝날 무렵 윌리엄 수도사의 말을 인용한 한 서평을 읽으면서 짜릿한 만족감을 느꼈다고 적었다. "정결함의 어떤 점이 두려운 것입니까?" 아드소가 물었다. 윌리엄은 대답한다. "성급함이다."

나는 이 두 문장이 무척 마음에 들었고, 그건 지금도 마찬가지이다. 그런데 한 독자가 같은 페이지에서 식료계 수도사를 고문하겠다며 협박하는 베르나르가 다음과 같이 말한다고 지적했다. "가짜 사도들이 민듯이, 서두른다고 의義가 드러나는 것이 아니다. 하느님의 의는 몇 세기고 기다릴 수도 있느니라." 당연히 이 독자는 윌리엄 수도사가 두려워하는 성급함haste과 베르나르가 격찬한 서두르지 않음absence of haste 사이에 어떤 연관성을 의도했던 거냐고 물었다. 나는 대답하지 못했다.

사실 아드소와 윌리엄이 주고받는 이 대화는 원래 원고에는 없었다. 이 짤막한 대화는 베르나르가 다시 입을 열기 전에 몇 문장이 더 들어가야 균형과 리듬이 맞을 것 같아 교정쇄에서 추가한 부분이었다. 바로 뒤에서 베르나르가 서두름에 대해 말한다는 사실은 까맣게 잊고 있었다. 베르나르의 말은 정형화된 표현인데, 이를테면 '만인은 법 앞에 평등하다'처럼 재판관의 입에서 나올 법한 상투적인 언명에 지나지 않는다. 아뿔싸, 베르나르가 말한 서두름이 윌리엄이 말한 성급함과 병치구조併置構造를 이루면서, 형식적인 것이 아닌 실질적인 무언가를 내포한다는 인상을 준 것이다. 그러니 독자는 두 사람이 같은 발언을 하고 있는 게 아닌지, 혹은 성급함을 경계하는 윌리엄의 발언이 서두름을 경계하는 베르나르의 발언과 한 치의 오차도 없이 겹치는 것은 아닌지 궁금할 수밖에 없다. 텍스트는 그렇게 세상에 던져져 나름의 결과들을 생산한다. 내가 이런 방향으로 의도했든 의도하지 않았든 간에, 이제 우리 앞에는 하나의 질문이, 도발적인 모호함이 놓여 있다. 나 자신도 이 충돌을 어떻게 해결해야 할지 몰라 당황스럽지만, 그 모호함 안에 어떤 의미(추측컨대 많은 의미들이)가 자리 잡았다는 건 알 수 있다.

자기 책에 『장미의 이름』이라는 제목을 붙인 작가는 이 제목에 대한 여러 가지 해석과 만날 준비가 되어 있어야 한다. 경험적 작가로서의 나는 독자들이 자유롭게 사고할 수 있도록 이 제목을 택했다고 적었다(『장미의 이름 작가노트』에).

장미는 의미가 대단히 풍부하여, 더 이상 가져다 붙일 의미도 남아 있지 않은 상징이다. 단테Dante의 '신비스러운 장미'나 『가자, 사랑스러운 장미여Go, lovely Rose, 17세기 말 영국 시인 월러의 시집명.』에서, 장미전쟁Wars of the Roses, 1455~1485년에 있었던 왕권을 둘러싸고 벌어진 영국의 내란.에서, 「그대는 병든 장미Rose thou art sick, 18세기 영국의 시인 윌리엄 블레이크의 시.」에서 등장하는 '장미'에는 매우 많은 울림이 들어 있고, 〈다른 이름으로 불리는 장미a rose by any other name, 미국 컨트리 뮤직 아티스트 로니 밀샙의 앨범명.〉나 '장미는 장미이고 장미는 장미일 뿐a rose is a rose is a rose is a rose, 미국의 시인이자 소설가 거트루드 스타인의 시 「Sacred Emily」의 한 구절.', 장미십자회Rosicrucians, 17세기에서 18세기에 걸쳐 유럽에서 활동한 비밀단체로서 가톨릭 교리를 부정한다. 등등의 표현에서도 마찬가지이다.

게다가 한 학자는 모를레 사람 베르나르Bernard de Morlay

가 쓴 시 「속세의 능멸에 대하여De Contemptu Mundi」의 초고에 내가 소설 끝부분에 인용한 '지난날의 장미는 이제 그 이름뿐, 우리에게 남은 것은 그 덧없는 이름뿐Stat rosa pristina nomine, nomina nuda tenemus'이라는 부분이 '지난날의 로마는 이제 그 이름뿐Stat Roma pristina nomine'이라고 돼 있었다면서 결국에는 그 편이 잃어버린 바빌론을 상기시키는 시의 나머지 부분에 더 부합한다고 지적했다.[5]

이렇게 내 소설의 제목은, 만약 베르나르의 초고를 봤더라면 '로마의 이름'이 될 수도 있었다(그랬다면 아마도 파시스트적인 해석도 가능했을 것이다).

하지만 어쨌든 소설의 제목은 『장미의 이름』이고, 이제는 '장미'라는 단어가 끌어내는 무수한 암시들을 제어하는 것이 얼마나 어려운 일이었는지 실감한다. 나는 그러한 암시를 통해 모두 사소해 보이는 것까지 포함하는 광범위한 독해의 여지를 두고 싶었는지도 모른다. 그리고 그 결과, 피할 수도 없는 방대한 양의 해석들을 줄줄이 양산했다. 하지만 텍스트는 세상에 던져졌고, 경험적 작가는 침묵을 지켜야만 한다.

『푸코의 진자』 주인공에게 '카소봉'이라는 이름을 붙일 때는 이삭 카소봉Isaac Casaubon을 염두에 두었다. 이삭 카소봉은 1614년에 「헤르메스 문서Corpus Hermeticum, B.C. 3~A.D. 3세기에 이집트에서 쓰인 철학적 · 종교적인 그리스어 문서.」가 날조된 것임을 입증한 인물이다. 덕분에 『푸코의 진자』를 읽은 독자라면, 이 위대한 문헌학자가 이해한 것과 소설 속 등장인물이 마침내 이해하게 된 것 사이의 유사점을 발견할 수 있다. 그런 암시를 이해할 수 있는 독자들이 흔치는 않겠지만, 텍스트적 전략의 측면에서 그런 지식이 반드시 필요한 건 아니라고도 생각했다(카소봉이라는 역사 속 인물을 몰라도 책을 읽고 소설 속 카소봉을 이해할 수 있다는 뜻이다. 많은 작가들은 텍스트 안에 소수 노련한 독자들이 알아볼 수 있는 특정한 표식 어구를 삽입한다). 소설을 끝맺기 전에 나는 우연히 수십 년 전에 읽었던 조지 엘리엇George Eliot, 20세기 작가의 선구적 역할을 수행했다고 평가받는 영국 소설가.의 소설 『미들마치Middlemarch』에도 카소봉이라는 등장인물이 나온다는 걸 발견했다. 이 경우 나는 모델 작가로서 조지 엘리엇에 대한 언급을 가능하면 피하려고 노력했다. 재미있게도 『푸코의 진자』 영어 번역본 10장에는 벨보와 카소봉이 아래와 같이 대화를 나누는 장면이 들어 있다.

"그런데 당신 이름이 뭐지?"

"카소봉이라고 합니다."

"카소봉이라, 『미들마치』의 등장인물이 아닌가?"

"모르겠네요. 르네상스 시대의 문헌학자 중에 카소봉이라는 사람이 있는 모양입니다만, 우리 집안과는 관계가 없습니다."

나는 쓸데없이 메리 앤 에번스Mary Ann Evans, 조지 엘리엇의 본명.를 거론하지 않으려고 온갖 노력을 다한 셈이다. 하지만 데이비드 로비David Robey라는 한 똑똑한 독자는 엘리엇의 소설 속 카소봉이 『모든 신화의 열쇠Key to All Mythologies』라는 책을 쓰고 있었다고 지적했다.

모델 독자로서 나는 그러한 연관성을 받아들이지 않을 수 없다. 텍스트에 백과사전적 지식이 더해지면 지식을 갖춘 독자들은 그런 연관성을 찾아낸다. 이해할 수 있다. 단지 독자만큼 유식하지 못한 경험적 작가에게는 유감스러운 일이 될 것이다.

마찬가지로 내 소설의 제목이 『푸코의 진자』가 된 까닭은 레옹 푸코가 진자를 발명했기 때문이다. 진자를 발명한 사람이 벤 프랭클린Ben Franklin이었다면 소설 제목은 『프랭클린의 진자』가 되었을 것이다. 이 책의 경우에는 처음 글을 쓰면서부터 미셸 푸코Michel Foucault, 프랑스의 철학자. 합리적 이성을 비판하고 광기의 진정한 의미를 파헤쳤다.를 떠올리는 사람들이 있을 거라는 점을 우려했다. 소설 속 등장인물들은 다양한 유추 관계들에 사로잡혀 있었고, 푸코는 유사성의 패러다임에 관한 글을 남겼다. 경험적 작가로서 나는 그런 연상이 일어날 가능성이 있다는 게 마음에 들지 않았다. 나에게는 마치 썰렁한 농담 같았기 때문이다. 하지만 레옹 푸코가 발명한 진자는 소설의 핵심 요소였기 때문에 나는 그 제목을 밀어붙이기로 했다. 그저 모델 독자들이 미셸 푸코와의 피상적인 연관을 짓지 않기를 바랄 뿐이었다. 하지만 내 바람은 빗나갔고, 많은 영리한 독자들이 그 연관성을 언급했다. 텍스트는 내 손을 떠났다. 어쩌면 독자들이 옳을 수도 있다. 피상적인 농담을 한 책임은 나에게 있을지도 모른다. 어쩌면 그렇게 피상적인 농담이 아닐 수도 있다. 아니, 잘 모르겠다. 이미 모든 상황은 내 손을 벗어났다.

이제부터 살펴볼 사례들은 나도 다른 사람들처럼 비경제적인 해석을 거부할 권리가 있다고 생각하는 경우이다(내가 처음의 의도를 망각하고 모델 독자가 되어 텍스트를 검토했을 수도 있지만). 엘레나 코스티코비츠Helena Costiucovich는 『장미의 이름』을 러시아어판으로 훌륭히 번역하기 전에 이 소설에 관한 긴 논문을 썼다.[6]

논문에서 코스티코비츠는 에밀 앙리오Emile Henriot, 제2차 세계대전 후 〈르 몽드〉 지의 상임 서평가로 이름을 날린 프랑스 소설가 겸 평론가.의 책 『브라티슬라바의 장미La Rose de Bratislava, 1946』를 언급한다. 이 책은 비밀에 싸인 원고를 추적하는 내용으로 도서관이 화재로 소실되는 결말을 맺는다. 소설의 무대는 프라하인데, 나도 『장미의 이름』 시작 부분에 프라하를 언급했다. 게다가 『장미의 이름』의 장서관 수도사 중에는 베렝가리오Berengar라는 사람이 있고, 앙리오의 소설 속 도서관 사서 중에는 베른가르Berngard라는 사람이 있다.

그런데 나는 앙리오의 소설은 읽은 적도 없고, 그런 책이 존재한다는 것도 몰랐다. 나는 내 소설 속에서 내가 알고 있는 작품 출처를 찾아내어 해석한 비평가들의 글들을 읽어보았고, 내가 교묘하게 숨겨둔 장치를 그들이

기막히게 찾아낼 때면 매우 즐거웠다. 예를 들어 토마스 만Thomas Mann의 『파우스트 박사Doctor Faustus』에 등장하는 제레누스 차이트블롬Serenus Zeitblom과 아드리안 레버퀸Adrian Leverkühn은 『장미의 이름』에서 아드소와 윌리엄 수도사의 서사 관계를 설정한 모델이었다. 독자들은 내가 전혀 모르는 출처들에 대한 정보도 주었다. 그리고 나는 그런 자료들을 인용할 만큼 박식하게 여겨진다는 게 즐거웠다(최근 한 젊은 중세학자가 알려준 정보에 의하면, 서기 6세기 무렵 카시오도루스Cassiodorus가 한 눈먼 사서에 대해 언급한 기록이 있다고 한다). 글을 쓰는 동안에는 몰랐지만 내가 어디선가 영향을 받았던 게 분명한 부분을 발견한 해석자들의 비판적 분석도 읽어보았다. 확실히 어린 시절에 읽었던 글들에 은연중에 영향을 받은 것 같다.

예컨대 내 친구 조르지오 첼리Giorgio Celli는 내가 오래전에 읽었던 책들 중에 상징주의 작가 드미트리 메레시콥스키Dmitry Merezhkovsky, 러시아의 소설가, 철학자, 문예학자.의 소설도 있었을 거라고 말했는데, 듣고 보니 그 말이 맞았다.

『장미의 이름』의 평범한 독자로서(저자라는 사실은 차치하고) 나는 엘레나 코스티코비츠의 주장이 전혀 흥미롭지도 매력적이지도 않았다. 비밀에 싸인 원고를 추적하고 도서관이 화재로 소실되는 내용은 문학적으로 아주 흔한 토포스이고, 그런 토포스를 다루는 책들은 얼마든지 제시할 수 있다. 『장미의 이름』 첫 머리에 프라하를 언급했지만 프라하 대신 부다페스트가 들어갔어도 똑같았을 것이다. 프라하는 이야기에서 결정적인 역할을 하지 않기 때문이다.

그런데 『장미의 이름』이 페레스트로이카perestroika, 1985년 4월에 선언된 소련의 사회주의 개혁 이데올로기. 훨씬 전에 동유럽권 국가에서 번역되었을 때, 번역자는 러시아가 체코슬로바키아를 침공했다는 소설 서두의 내용이 문제가 될 수 있다며 나에게 연락했다. 나는 아주 조금이라도 텍스트를 고치면 안 된다고 말하면서 만약 어떤 식으로든 검열을 당하면 발행인에게 책임을 묻겠다고 답했다. 그러고는 농담처럼 덧붙여 말했다.

"프라하를 책 서두에 언급한 건 그곳이 저에게 마력魔力의 도시 중 하나이기 때문입니다. 하지만 더블린도 좋아하지요. '프라하' 대신 '더블린'을 넣으세요. 그래도 달라지는 건 없으니까요."

그러자 번역자가 이의를 제기했다.

"하지만 선생님, 더블린은 러시아의 침공을 받은 적이 없잖아요."

나는 대답했다.

"그건 제 책임이 아니잖아요."

마지막으로 '베렝가리오'와 '베른가르'는 우연의 일치일 것이다. 경우야 어떻든 모델 독자는 이 네 가지 우연의 일치(원고와 화재, 프라하 그리고 베렝가리오)가 흥미롭다는 걸 시인할 것이다. 그리고 나는 경험적 작가로서 여기에 반대할 권리가 없다. 그런데 최근 우연히 앙리오의 프랑스어판 텍스트 사본을 보게 되었다. 그의 소설 속 도서관 사서의 이름은 베른가르가 아니라 베르나르, 정확히는 베르나르 마르Bernhard Marr였다. 코스티코비츠는 아마도 작중 인물의 이름이 키릴어로 조악하게 번역된 러시아어판을 봤던 것 같다. 이렇게 궁금증을 불러일으키던 우연의 일치 하나가 사라지면서 내 모델 독자는 조금이나마 숨을 돌린다.

하지만 엘레나 코스티코비츠는 또 한 가지 근거를 내밀며 앙리오와 내 소설의 유사성을 입증하려 한다. 앙리오의 소설에서 추적당하는 원고는 카사노바의 회고록 원본이라는 것이다. 우연히도 내 책에는 뉴캐슬 사람 휴(이탈리아어판에서의 이름은 우고 노보카스트로Ugo di Novocastro)라는 사람이 비중이 크지 않은 등장인물로 나온다. 코스티코비츠의 결론은 '한 이름에서 다른 이름으로 옮아가는 것만 봐도 장미의 이름을 떠올릴 수 있다'라는 것이었다.

경험적 작가로서의 나에게 뉴캐슬 사람 휴는 내 창조물이 아니라 중세 시대 자료에서 언급된 역사적 인물이다. 프란체스코회 공사관 직원들과 교황 대표단의 만남이 담긴 일화는 실제로 14세기 연대기에서 가져온 것이었다. 독자는 이런 사실을 알아야 할 의무가 없고, 내 대답을 참작할 필요도 없다. 하지만 나 역시 평범한 독자로서 의견을 제시할 권리가 있다고 생각한다. 무엇보다도 '뉴캐슬Newcastle'은 '카사노바Casanova'의 번역어가 아니다. '카사노바'를 다른 이름으로 번역하자면 '새 집New House casa(집)와 nova(새로운)의 결합이다.'이 되어야 한다(어원으로 보면, 라틴어 이름 '노보카스트로'는 '신도시New City' 또는 '새 진영New Encampment'이라는 의미이다). 이렇듯 '뉴캐슬'에서 '카사노바'를 연상한다는 논리로 본다면 '뉴턴Newton'도 연상할 수 있을 것이다.

코스티코비츠의 가설이 비경제적이라는 사실을 텍스트 자체로 입증할 수 있는 요소들은 또 있다. 우선 뉴캐슬의 휴는 소설에서 극히 미미한 역할을 할 뿐, 장서관과는 아무런 관계가 없다. 만약 텍스트에서 휴와 장서관(또한 휴와 원고)이 어떤 관계가 있다고 암시하려 했다면 텍스트상에 그 이상 전개되는 이야기가 있어야 한다. 하지만 텍스트는 그 부분에 대해 한마디도 하지 않는다. 둘째, 카사노바는, 적어도 문화적으로 공유되는 백과사전적 지식에 따르면 방탕하고 전문적인 호색한이었던 반면, 내 소설에는 휴의 도덕성을 의심케 하는 아무런 구절도 없다. 셋째, 카사노바의 원고와 아리스토텔레스Aristoteles의 원고 사이에는 어떠한 명확한 연관성도 없고, 내 소설 어디에서도 방탕한 행동을 칭찬할 만한 것으로 암시하지 않는다. 나는 내 소설의 모델 독자로서, '카사노바와의 연관성'이라면 찾아봐야 얻을 게 없다는 말 정도는 할 수 있다고 생각한다.

한번은 토론 중 어떤 독자가 나에게 '가장 큰 행복은 당신이 소유한 것을 갖는 것이다'라는 문장의 뜻이 뭐냐고 질문한 적이 있다. 나는 당황하여 그런 문장은 쓴 적이 없다고 대답했다. 나는 그렇게 믿었고, 그럴 만한 이유도 여럿 있었다. 첫째, 나는 행복이 이미 소유한 것을 갖는 것이라고 생각하지 않는다. 스누피Snoopy조차 그런 시시한 말에는 동조하지 않을 것이다. 둘째, 중세 시대의 인물이라면 자신이 실제로 가진 것을 소유하는 데 행복이 있다고 생각할 리 없다. 중세 문화에서 행복이란 현재의 고통을 통해 도달할 수 있는 미래의 상태를 말하는 것이기 때문이다. 그러니 나는 그런 문장을 쓴 적이 없다고 거듭 주장했고, 독자는 나를 마치 제 손으로 쓴 글조차 알지 못하는 사람인 양 쳐다봤다.

그런데 그 인용문을 나중에 우연히 발견했다. 『장미의 이름』 중, 아드소가 주방에서 느낀 성애의 황홀경을 묘사하는 단락이었다. 이 구절은 독자들이 쉽게 짐작할 수 있는 대로 『구약성서』의 「아가Song of Songs」와 중세 신비주의 철학에서 인용한 내용들로 이루어져 있다. 어떤 경우이든, 심지어 출처를 알 수 없을 때라 하더라도 독자는 해당 부분이 처음으로(또한 마지막이었을) 성적 경험을 한 젊은 남자의 감정을 묘사하고 있다는 걸 잘 알 수 있다. 문맥 안에서 이 문장을 다시 읽으면(중세 시대의 자료로서가 아니라 소설 속 문맥을 말한다) 다음과 같은 내용을 발견하게 된다.

> 주여, 영혼이 황홀경에 빠지면, 당신이 본 것을 사랑하는 일만이 미덕입니다. 가장 큰 행복은 당신이 소유한 것을 갖는 것입니다.

따라서 '행복이 당신이 소유한 것을 갖는다'는 것은 삶의 매 순간에 일반적으로 그렇다는 말이 아니라, 황홀경에 빠진 순간에만 그러하다는 뜻이다. 이런 경우는 경험적 작가의 의도를 알 필요가 없다. 텍스트의 의도가 명백하기 때문이다. 또한 이 문장 속 단어에 특정 언어권에서 수용되는 관습적 의미가 중복된다 하더라도, 텍스트의 표현이 갖는 실제 의미는 독자(개인적 호기심에 집착하는)가 그 단어에 기대하는 의미가 아니다.

쉽게 해석하기 힘든 저자의 의도와 논란의 소지를 갖고 있는 독자의 의도 사이에는 텍스트가 갖고 있는 명징한 의도가 있다. 이것이 잘못된 해석을 논박한다.

나는 로버트 플라이스너Robert F. Fleissner의 아름다운 책, 『다른 이름으로 불리는 장미: 셰익스피어에서 에코까지, 문학에 나타난 꽃에 대한 조사A Rose by Another Name: A Survey of Literary Flora from Shakespeare to Eco』를 즐겨 읽었고, 셰익스피어가 나와 연관된 부분에서 자신의 이름을 발견하고는 자랑스러워했으면 좋겠다고 생각한다. 플라이스너는 내 소설 속 장미와 전 세계 문학작품 속의 다른 장미들이 갖는 다양한 연관성에 대해 논하면서 흥미로운 얘기를 한다. '에코의 장미는 코넌 도일Conan Doyle, 셜록 홈스를 탄생시킨 영국 추리 작가.의 『해군 조약Adventure of the Naval Treaty』에서 나왔고, 이것은 『월장석Moonstone, 윌리엄 윌키 콜린스의 1868년작 장편소설.』에서 커프Cuff가 찬미하는 장미에서 유래했다'는 것이다.[7]

지금은 물론 윌키 콜린스를 열렬히 좋아하지만, 커프라는 등장인물이 장미에 열정을 품었는지는 기억나지 않는다(『장미의 이름』을 쓸 당시에도 기억하지 못했다). 고백하건대, 코넌 도일이 쓴 글은 모조리 읽었다고 자신하지만 사실 『해군 조약』은 읽은 기억이 없다. 중요한 건 그게 아니다. 내 소설에는 셜록 홈스를 대놓고 언급하는 부분이 매우 많기 때문에 텍스트가 이러한 연관성을 뒷받침할 수도 있기 때문이다. 하지만 아무리 허심탄회하게 받아들이려 해도 플라이스너는 과잉 해석을 하고 있다. 장미에 대한 홈스의 찬사가 윌리엄 수도사에게서 '메아리처럼' 울려 퍼진다는 것을 입증하기 위해, 그는 내 소설에서 다음과 같은 구절을 인용했다.

"갈매나무로구나."
몸을 굽혀 어떤 식물을 들여다보다가 윌리엄이 갑자기 말했다. 겨울철이라 헐벗은 가지로 그는 그 식물을 알아보았다.
"줄기를 달이면……."

플라이스너가 여기까지만 인용했다는 점은 흥미롭다. 내 텍스트는 말줄임표 다음에 '치질에 특효약이다'라는 말이 이어진다. 솔직히 나는 모델 독자가 '갈매나무'를 장미에 대한 암시로 받아들이도록 유도했다고 생각하지 않는다.

조수에 무스카Giosue Musca가 『푸코의 진자』를 읽고 썼던 비평적 분석은 내가 읽어본 해석들 중 최고에 속했다.[8]

처음부터 그는 유추 관계를 찾는 내 등장인물들의 습

관에 물들어 연관성들을 찾으려고 애썼다고 고백한다. 무스카는 내가 눈에 띄기를 바라며 숨겨놓은 보이지 않는 인용들과 문체적 비유들을 능숙하게 지적했다. 내가 미처 몰랐으나 꽤 설득력 있는 연관성들도 발견했다. 또한 의외라고 생각하지만 반박하기 힘든 연관성들을 찾아내는 편집증적 독자의 역할도 했다. 물론 그런 발견들이 독자를 호도할 수도 있다. 예를 들어, 컴퓨터 이름인 아불라피아Abulafia와, 주요 등장인물인 벨보Belbo, 카소봉Casaubon, 디오탈레비Diotallevi를 머리글자로 이어보면 ABCD가 된다. 내가 원고를 완성하기 전에 다른 이름들을 사용했다는 사실은 말하지 않느니만 못하다. 독자들은 내가 단순히 알파벳 순열을 만들기 위해 무의식중에 이름 부분을 바꾸었다고 반박할 수 있기 때문이다. 야코포 벨보는 위스키를 좋아하는데, 신기하게도 그의 이름 머리글자는 JB다. 항변을 해봐야 소용이 없지만, 글을 쓰는 내내 그의 이름은 야코포가 아니라 스테파노였고 마지막에 가서야 야코포로 바뀌었을 뿐이다. 여기에는 J&B 위스키에 대한 어떠한 암시도 없다.

내가 내 책의 모델 독자로서 제기할 수 있는 유일한 반론은 다음과 같다. (1)ABCD라는 알파벳 순열은, 다른 등장인물들의 이름 머리글자가 X, Y, Z까지 연결되지 않는 이상 텍스트 안에서 아무 의미도 없다. (2)벨보는 마티니도 마시며, 나아가 그의 가벼운 알코올의존증 증상은 벨보라는 인물 캐릭터상 그리 중요한 특징이 아니다.

반면, 내가 몹시 좋아했고 지금도 굉장히 좋아하는 작가 체사레 파베세Cesare Pavese, 이탈리아의 시인이자 소설가로 대표작은 『달과 화톳불』이다.가 산토스테파노벨보라는 마을에서 태어났고, 우울한 피에몬테 사람 벨보가 파베세를 연상시킨다고 지적하는 독자의 말은 논박하기 어렵다. 사실(모델 독자들이 이런 상세한 부분까지 알아야 하는 것은 아니지만) 나는 벨보 강River Belbo 강둑에서 어린 시절을 보내면서 몇 가지 시련을 겪었고, 그 경험을 야코포 벨보에게 투사했다. 이 모든 경험들은 내가 체사레 파베세를 알기 훨씬 전의 일이었고, 스테파노 벨보라는 원래 이름을 야코포 벨보로 바꾼 이유는 순전히 파베세와 이어지는 노골적인 연관을 피하기 위해서였다. 하지만 이런 설명은 충분치 않다. 따라서 파베세와 야코포 벨보 사이에 연관성이 있다고 생각한 독자의 판단은 옳았다. 설령 내가 벨보에게 다른 이름을 주었다 해도 독자가 옳았을 것이다.

이런 종류의 예들은 얼마든지 더 들 수 있지만, 여기서는 쉽게 이해할 수 있는 사례들만 언급하려고 한다. 복잡한 예들을 논하다 보면 철학적이거나 미학적인 해석의 문제로 너무 깊이 들어갈 우려가 있기 때문이다. 여기서는 경험적 작가를 앞세워 작가의 무관無關함을 강조하고 텍스트의 권리를 재차 주장했다는 점만 수긍해주기 바란다.

하지만 글을 마무리해야 하는 시간이 다가올수록 내가 경험적 작가에게 너무 인색했다는 생각이 든다. 경험적 작가의 증언이 중요한 기능을 수행하는 경우가 적어도 하나는 있다. 독자들이 텍스트를 더 잘 이해하는 데는 큰 도움이 안 되지만, 종잡을 수 없는 창작 과정을 하나하나 이해하는 데는 확실히 유용하다. 창작 과정을 이해한다는 건 뜻밖의 우연이나 무의식적 메커니즘을 통해 특정한 텍스트적 해법이 나타나는 과정을 이해한다는 말과 같다. 이러한 이해가 바탕이 되면, 텍스트 전략(모델 독자들의 눈앞에 놓이는 언어적 대상으로, 모델 독자들이 경험적 작가의 의도와 상관없이 판단을 내릴 수 있게 하는 요소)과 텍스트가 진화한 과정의 차이를 좀 더 쉽게 이해할 수 있다.

앞서 제시했던 몇 가지 사례도 이런 식의 역할을 한다. 특별히 눈에 띄는 두 가지 흥미로운 사례를 더 살펴보자. 이 사례들은 오직 나의 사생활과 관련된 것으로, 어떠한 텍스트적 자료와도 관계가 없다. 해석의 문제와는 무관한 사례들이라는 얘기이다. 이 사례들은 해석을 끌어내기 위한 기계인 텍스트가, 어떻게 지하 깊은 곳에서 흐르는 마그마처럼 때로는 문학과 전혀 상관없는(혹은 아직은 상관없는) 영역에서 분출되어 나올 수 있는지 보여준다.

첫 번째 사례는 다음과 같다. 『푸코의 진자』에서 젊은 카소봉은 암파로Amparo라는 브라질 여자와 사랑에 빠진다. 조수에 무스카는 이 이름이 두 전류 사이의 자기력을 연구한 앙드레-마리 앙페르André-Marie Ampère와 연관된다고 조롱하는 투로 지적했다. 너무 유식했던 결과이다. 내가 왜 그 이름을 선택했는지는 알 수 없었다. 그러다가 암파로가 브라질식 이름이 아니라는 걸 깨닫고는 다음과 같은 글을 덧붙였다(23장).

나는, 남미 원주민과 수단 흑인과 통혼한 네덜란드계 레시

페Recife, 브라질의 세 번째 대도시. 정착민의 자손이고, 얼굴은 자메이카 사람 같고 교양은 파리 사람 같은 암파로에게 스페인 이름이 붙은 내력을 이해할 수 없었다.

다시 말해서, 나는 '암파로'가 마치 내 소설과 상관없는 곳에서 온 것처럼 그 이름을 선택했던 것이다. 책을 출판하고 몇 달 후, 한 친구가 물었다.

"자네 왜 '암파로'라는 이름을 썼나? 그거 산 이름 아닌가? 아니면 산과 관련된 여자의 이름이던가?"

친구의 설명은 이랬다.

"〈과히라 관타나메라Guajira Guantanamera, 쿠바의 민요.〉라는 노래가 있네. 거기에 '암파로' 비슷한 게 나오지."

맙소사, 그 노래는 나도 잘 알았다. 가사는 한 구절도 생각이 안 났지만 1950년대 중반쯤, 당시 내가 무척 좋아했던 한 여자가 불렀던 곡이었다. 여자는 남미 출신이었고 매우 아름다웠다. 또한 암파로와는 달리 브라질 사람도, 마르크스주의자도 아니었고, 흑인도 아니었으며, 히스테릭하지도 않았다. 하지만 내가 남미의 매력적인 여성을 창조할 때 무의식적으로 나의 청춘, 그러니까 카소봉과 같은 또래이던 시절의 기억에서 심상을 떠올렸다는 건 분명하다. 나는 그 노래를 생각했을 것이고, 어떻게 보면 까맣게 잊고 있던 '암파로'라는 이름이 내 무의식에서 지면 위로 흘러나왔던 것이다. 이 이야기는 소설을 해석하는 데는 전혀 중요하지 않다. 텍스트 안에서 암파로는 암파로일 뿐이다.

두 번째 이야기는 다음과 같다. 『장미의 이름』을 읽은 독자라면 이 책에 신비의 원고가 나오고, 이 원고가 아리스토텔레스의 『시학Poetics』 2권의 유일한 필사본이며 책장마다 독이 발라져 있다는 것, 그리고 다음과 같은 서술(『장미의 이름』 중 「제7일, 한밤중」 중에서)이 있다는 것도 안다.

> 첫 쪽을 읽은 그는 더 읽고 싶지 않은 듯이 빠른 속도로 책장을 넘겼다. 그러다 문득 손길을 딱 멈추었다. 몇 쪽에 걸쳐 책장의 옆 부분과 윗부분이 붙어 있었기 때문이었다. 습기로 인해 아마포가 녹으면서 풀을 바른 것처럼 달라붙어 버린 것 같았다.

내가 이 단락을 쓴 시기는 1979년 말이었다. 이듬해부터, 아마도 『장미의 이름』을 출판한 후 도서관 사서나 장서 수집가들과 자주 만났기 때문이겠지만(또한 내 마음대로 쓸 수 있는 돈이 조금 있어서였겠지만), 나는 희귀 고서 수집가가 되었다. 그전에도 고서 몇 권을 사들인 적이 있지만 그건 그저 우연히, 그것도 그 책들이 매우 저가일 때 있었던 일이었다. '진지하게' 장서를 수집한 기간은 지난 25년이 전부였고, 여기서 '진지'했다는 것은 전문적으로 작성된 목록을 찾아보고 모든 책에 대한 색인 노트를 만들었다는 뜻이다. 색인에는 물론 페이지 대조와 전후 판본에 대한 연대적 정보들, 책들의 물리적 상태에 대한 정확한 기술 등이 포함되었다. 특히 상태를 표현하는 데는 책이 너무 어렵지는 않은지, 누렇게 변하지는 않았는지, 얼룩이 지지는 않았는지, 더럽혀지지는 않았는지, 책이 해지거나 빳빳하지는 않은지, 뜯겨나간 부분이나 완전히 삭제된 부분이 있는지, 표지가 원래의 것인지, 연결부위가 매끄러운지 등을 명시하는 기술 전문 용어들이 필요하다.

하루는 서재의 책장 위쪽을 뒤지다가, 1587년도 안토니오 리코보니 파두아Antonio Riccoboni Padua의 주해가 달린 아리스토텔레스의 『시학』을 발견했다. 전혀 생각도 못했던 책이었다. 안쪽 면지에 연필로 숫자 1,000이 적혀 있었는데, 이는 1950년대에 내가 어디에선가 그 책을 1,000리라한화로 600원 정도이다.에 구입했다는 뜻이었다. 내가 갖고 있던 색인 노트를 보니 이 책은 2판이었는데, 대단히 희귀한 책은 아니었고 대영박물관에서도 한 권을 소장하고 있었다. 하지만 나는 기뻤다. 어쨌든 구하기 어려운 책인데다, 리코보니의 해설은, 말하자면 로보르텔로Robortello나 카스텔베트로Castelvetro보다 인용된 사례도 적고 덜 유명했기 때문이다.

그래서 나는 그 책에 대해 기술하기 시작했다. 속표지를 옮겨 적던 중 「아리스토텔레스의 희극술처럼Ejusdem Ars Comica ex Aristotele」이라는 제목의 부록이 들어 있다는 걸 발견했다. 사라진 아리스토텔레스의 희극에 관한 책을 소개한다는 내용이었다. 분명히 리코보니는 사라진 『시학』 2권을 재구성하기 위해 노력한 것 같았다. 하지만 이러한 시도는 그리 드문 일이 아니었기 때문에 나는 계속해서 책에 대한 물리적 기술을 완성했다. 그때 옛 소련 신경심리학자 루리야A. R. Luria가 자세츠키Zasetsky라는 환자의 사

례를 통해 설명했던 현상과 비슷한 일이 나에게도 일어났다.[9]

자세츠키는 제2차 세계대전 도중 뇌 일부에 손상을 입으면서 기억 능력과 발화 능력을 모두 잃었지만 쓰기 능력만큼은 남아 있었다. 자연히 그는 머릿속에 담아둘 수 없는 모든 정보들을 기록했고, 자신이 기록한 내용들을 읽으면서 조금씩 자신의 자아를 재형성했다.

마찬가지로 나는 그 책을 냉정하고 기술적으로 살펴보며 색인 노트를 적다가, 불현듯 내가 『장미의 이름』을 다시 쓰고 있다는 느낌이 들었다. 차이가 있다면 120쪽, 「희극술Ars Comica」이 시작되는 부분부터 위쪽이 아니라 아래쪽 여백에 심각하게 습기가 차 있었다는 것이다. 하지만 나머지는 모두 똑같았다. 책은 뒤로 갈수록 조금씩 붉게 변하며 습기로 인한 얼룩도 많아졌고, 찝찝하게 풀이 묻은 모양새로 책장들이 서로 들러붙어 있었다.

나는 소설에서 묘사했던 그 원고를 활자본의 형태로 들고 있었다. 이 책은 수년 동안이나 내 집 책장에 꽂혀 있었던 것이다.

깜짝 놀랄 횡재이거나 기적 같은 일은 아니었다. 나는

젊었을 때 그 책을 사서 대충 훑어봤고, 형편없이 더럽혀진 책을 어딘가에 처박아놓고는 까맣게 잊어버렸을 뿐이다. 하지만 일종의 마음속 카메라 같은 것으로 그 책의 페이지를 한 장 한 장 사진처럼 찍었고, 독이 묻은 책장에 대한 이미지를 수십 년 동안 무덤에 묻듯 내 머릿속 가장 구석진 곳에 넣어두었다가 어느 순간 다시 끄집어낸 것이었다. 왜 그랬는지 이유는 모르겠지만, 어쨌든 나는 이 책이 내 머릿속에서 나온 창조물이라고 생각하고 있었다.

이 이야기 역시 첫 번째 이야기처럼, 『장미의 이름』에서 끌어낼 수 있는 해석들과는 아무런 관계가 없다. 이 일화에 교훈이 있다면, 경험적 작가의 사사로운 삶은 경우에 따라서는 텍스트보다 더 알기 힘들다는 것이다. 텍스트를 창작하는 알 수 없는 과정과 통제를 벗어나 표류하는 미래의 해석들 사이에서, 텍스트는 '텍스트로서' 여전히 위로가 되는 존재이자, 우리가 굳게 고수할 수 있는 요소이다.

III. 허구적 등장인물에 관하여

현실 세계에서 수백만 인구(아이들을 포함하여)가 기아로 사망하는 상황에는 별로 불행해하지 않으면서, 베르테르나 안나 카레니나의 죽음에 크게 비통해하는 건 도대체 무슨 경우일까?

결국 그(돈키호테)는 책을 읽는 데 너무나 열중한 나머지 몇 날 며칠 밤을 한숨도 안 자고 말똥말똥한 상태로 지새곤 하는 반면 낮에는 완전히 비몽사몽이었다. 이렇게 잠도 안 자고 책만 읽다 보니 머릿속이 푸석푸석해지는가 싶더니 결국은 이성을 잃어버리기에 이르렀다. 머릿속이 책에서 읽은 마법 같은 이야기들 즉 고통과 전투, 도전, 상처, 사랑의 밀어들과 연애, 가능치도 않은 갖가지 일들로 가득 차버린 것이다. 그러다 결국 그는 책에서 읽은 몽환적인 이야기들이 진실이라고 생각하게 되었으며, 이 세상에서 이보다 더 확실한 이야기는 없다고 확신하기에 이르렀다. 그는 엘

시드, 즉 루이 디아스는 매우 훌륭한 기사지만, 단칼에 사나운 거인 둘을 두 동강 내버린 불타는 칼의 기사와는 견줄 수 없다고 말하곤 했다. 그보다는 베르나르도 델 카르피오를 높이 평가했는데, 그는 론세스바예스에서 마법에 걸린 롤랑을 죽여 없앴기 때문이었다.

세르반테스, 『돈키호테』 중에서

『장미의 이름』 출판 이후, 많은 독자들이 내게 편지를 보내 소설에 나온 수도원을 발견하고는 찾아가보았다는 말을 건넸다. 소설 서문에 언급한 원고에 대해 조금 더 자세히 알려달라고 요청하는 독자들도 많았다. 서문에서 나는 부에노스아이레스의 한 고서점에서 아타나시우스 키르허Athanasius Kircher 신부가 쓴 출전 미상의 책을 발견했다고 적었다. 최근, 그러니까 소설을 출간한 후 거의 30여 년이 지난 지금, 한 독일인 독자는 자신이 부에노스아이레스의 한 고서점에서 키르허의 책을 발견했는데, 혹시 내가 소설에서 언급했던 것과 같은 서점이거나 같은 책인지 알고 싶다는 내용의 편지를 보냈다.

말할 필요도 없이 수도원의 위치와 구조는 모두 내가 꾸며낸 것들이다(물론 세부적인 면들은 현실에서 영감을 얻었지만). 허구적인 세계를 창조하면서 첫머리에 오래된 원고를 발견했다고 말하는 부분은, 서문 앞쪽에 '당연히, 이것은 수기다'라는 리드글을 붙인 것과 같은 맥락으로 고래로부터 쓰였던 유용한 문학적 토포스이다. 또한 비밀에 싸인 키르허의 책과 책보다 더 비밀스러운 고서점 역시 허구의 산물이다.

진짜 수도원과 진짜 원고를 찾는 사람은 영화를 보고 우연히 내 소설을 집어 든, 문학적 관행을 잘 모르는 순진한 독자들이었을 것이다. 하지만 앞서 언급한 독일인 독자는 아무래도 희귀서를 찾아다니는 취미가 있는 듯하고, 분명 키르허뿐 아니라 책이나 출판물에 대해서도 잘 아는 사람이다. 이렇듯 문화적 환경이 어떻든 많은 독자들은 허구와 현실을 잘 구분하지 못하는 것 같다. 사람들은 허구적인 등장인물들마저 현실의 사람인 것처럼 진지하게 받아들인다.

이러한 구분(혹은 구분하지 못함)에 대해 언급하는 또 다른 예는 『푸코의 진자』이다. 꿈같은 연금술 의식에 참석

했던 야코포 벨보는 숭배자들의 행동을 반어적으로 옹호하려고 하면서 이렇게 말한다.

> "중요한 것은, 이들이 성지를 순례하는 기독교인들보다 나은가 못한가를 심판하는 것이 아니라는 점이네. 나도 자문자답하고 있는 중이야. 햄릿을 우리 회사 관리인보다 더 현실적인 인물이라 생각하는 우리는, 우리 정체는 도대체 무엇인가 말일세. 만나면 한바탕 떠들고 싶어서 줄창 보바리 부인이나 찾아다니는 나 같은 것에게 과연 남을 심판할 권리가 있는 것인가 말일세."[1]

안나 카레니나를 위해 울다

1860년, 가리발디Giuseppe Garibaldi, 19세기 이탈리아 통일운동에 헌신한 군인.의 시칠리아 원정을 쫓아 지중해 항해에 막 나서려던 시점에 알렉상드르 뒤마 페레Alexandre Dumas père, 19세기 프랑스의 소설가로 『삼총사』, 『몽테크리스토 백작』으로 유명하다. 대大뒤마라고도 한다.는 마르세유에 들러 이프 성Château d' If을 찾았다. 이프 성은 뒤마의 소설 속 주인공 에드몽 당테스가 몽테크리스토 백작이 되기 전에 14년 동안 감금된 곳이자, 감옥 안에서 죄수로 수감된 파리아 신부를 만나 여러 가지 지식을 배운 곳이었다.[2]

뒤마는 그곳에 머무는 동안 방문객들이 '진짜' 몽테크리스토 백작이 갇혔던 감옥이라고 하는 곳을 꼬박꼬박 구경하고, 안내인들은 한결같이 당테스나 파리아, 혹은 기타 소설 속 등장인물들을 마치 실존했던 사람들처럼 얘기한다는 것을 알게 됐다.[3]

반면 이들 안내인들은 실제로 이프 성에 죄수로 수감됐던 오노레 미라보Honoré Mirabeau, 18세기 프랑스혁명 때의 정치가. 같은 주요 역사적 인물들에 대해서는 일언반구도 하지 않았다.

그리하여 뒤마는 회고록에 다음과 같은 말을 남긴다.

"역사학자들이 발굴해놓은 인물을 죽이는 인물을 창조하는 것은 소설가의 특권이다. 역사학자들은 유령에 지나지 않는 인물을 환기시키지만, 소설가들은 살과 피를 지닌 사람을 창조하기 때문이다."[4]

한 번은 내 친구 하나가 다음과 같은 주제로 심포지엄을 열어보라고 나를 부추겼다.

'안나 카레니나가 실존하지 않는 허구적 인물이라는 사실을 알면서도, 왜 우리는 그녀의 시련에 눈물을 흘리고 그녀의 불행에 마음 아파하는가?'

교육 수준이 높은 많은 독자들은 스칼렛 오하라가 처한 운명에는 눈물 흘리지 않지만, 안나 카레니나의 운명 앞에서는 충격을 받는다. 교양 있는 지식인들이 『시라노 드 베르주락Cyrano de Bergerac』의 결말을 보고 대놓고 눈물을 흘리는 모습도 많이 봤다. 놀랄 일은 아니다. 극의 전략dramatic strategy이 관객의 눈물을 유도하는 데 목적을 두면 관객은 인문학적 소양이나 문화적 수준과 상관없이 울게 된다. 이런 반응은 미학적인 문제가 아니다. 위대한 예술 작품은 감정 반응을 일으키지 못해도, 많은 삼류 영화나 싸구려 소설들은 그런 일을 너끈히 해낸다.[5] 많은 독자들의 눈에서 눈물을 자아냈던 보바리 부인도 연애소설들을 읽으며 탄식하곤 했다.

나는 친구에게 이 현상은 존재론적이거나 논리적인 문제가 아니며, 심리학자들이나 관심을 가질 일이라고 못박아 말했다. 사람들은 허구적 등장인물들을 보며 자신과 동일시하고 그들의 행동을 자신의 것처럼 여긴다. 내러티브적 합의에 따라, 이야기 속에 존재하는 '가능 세계 possible world, 현실 외에 있을 법한 세계. 현실과 상응하지 않아도 존재할 수 있는 세계를 말한다.'를 마치 자신의 현실 세계인 양 받아들이고 그 안에서 삶을 살기 시작하기 때문이다. 하지만 이런 일이 허구의 소설을 읽을 때만 일어나는 건 아니다.

많은 사람들은 이따금 사랑하는 사람이 죽을지도 모른다는 생각에, 현실과는 거리가 먼 상상이라는 걸 알면서도 깊은 슬픔에 잠긴다. 이러한 동일시와 투사 현상은 지극히 정상이며, 다시 한 번 말하건대 심리학자들이 관심을 가질 만한 문제이다. 똑같은 크기의 물체라는 걸 알면서도 어느 하나가 더 커 보이는 착시 현상이 존재한다면, 감정의 착각이라는 것도 없을 리 없지 않겠는가?[6]

나는 친구에게 독자를 울리는 허구적 등장인물의 능력이 해당 인물의 특징에서 나오기도 하지만, 독자의 문화적 관습, 다시 말해서 독자가 문화적으로 갖는 기대치와 서사 전략 사이의 관계에서 비롯되기도 한다는 점 역시 보여주려 했다. 19세기 중반에 사람들은 외젠느 쉬Eugène

Sue의 '플레르 드 마리'가 처한 운명에 심지어 흐느껴 울기까지 했지만, 오늘날에는 이 가련한 여인의 불행에 냉담하게 반응한다. 이에 반해 수십 년 전 많은 사람들은 에릭 시걸Erich Segal의 『러브 스토리Love Story』를 소설과 영화로 읽고 보면서 제니의 운명에 마음 아파했다.

결국 나는 문제를 가벼이 넘길 수 없다는 걸 깨달았다. 사랑하는 사람의 죽음을 상상해보고 눈물 흘리는 것과 안나 카레니나의 죽음에 슬퍼하는 것 사이에는 분명한 차이가 존재한다는 것을 인정해야만 했다. 두 경우 모두 우리가 가능 세계에서 일어나는 일들을 당연하게 받아들이고 있다는 건 사실이다. 첫 번째 경우는 우리의 상상 속 세계이고, 두 번째 경우는 톨스토이가 설계한 세계이다. 하지만 사랑하는 사람이 정말 세상을 떠났느냐는 질문을 받으면, 우리는 그렇지 않다는 사실에, 마치 악몽을 꾸다 깨어난 것처럼 크게 안도할 것이다. 반면 안나 카레니나가 죽었냐는 질문을 받으면 우리는 꼼짝없이 그렇다고 대답해야 한다. 가능 세계 안에서 안나가 자살을 감행한 건 변하지 않는 사실이기 때문이다.

실제로 로맨틱한 사랑에 관한 일이라면, 사랑하는 사

람에게 버림받았다는 상상에 고통스러워하거나 실제로 연인을 떠나보냈던 사람들은 자살 충동까지 느끼기도 한다. 하지만 연인에게서 버림받은 사람이 내가 아닌 친구인 경우에는 그다지 고통스러워하지 않는다. 물론 친구를 동정하긴 하겠지만 친구가 연인과 헤어졌다는 이유로 자살한 사람의 이야기는 들어본 적이 없다. 그래서 괴테Goethe가 『젊은 베르테르의 슬픔Die Leiden des jungen Werthers』을 출간했을 때, 소설 속 주인공 베르테르가 불행한 사랑 때문에 자살한다는 내용에 슬퍼하며 많은 젊은 낭만주의자들이 그 죽음을 따라했던 사건은 이상하게 보인다. 이 현상은 '베르테르 효과'로 알려졌다. 현실 세계에서 수백만 인구(아이들을 포함하여)가 기아로 죽어가는 상황에는 그다지 슬퍼하지 않으면서, 베르테르나 안나 카레니나의 죽음에 크게 비통해하는 건 도대체 무슨 경우일까? 실존 인물이 아니라는 걸 알면서도 그 사람의 슬픔을 마음 깊이 함께한다는 건 무슨 뜻일까?

존재론 vs. 기호론

그런데 허구적 등장인물들이 어떤 식으로든 존재하지 않는다고 확신할 수 있을까? 현재 존재하는 것들(나, 달, 애틀랜타 같은 도시)이나 과거에 존재했던 것들(율리우스 카이사르나 콜럼버스Columbus의 배)을 PhEO 즉 '물리적으로 존재하는 대상Physically Existing Object, 이후에는 PhEO 라고 표기.이라고 해보자. 확실히 허구적 등장인물을 PhEO라고 주장하는 사람은 없을 것이다. 하지만 그렇다고 해서 이런 등장인물들이 전혀 존재하지 않는 대상이라는 뜻은 아니다.

알렉시우스 마이농Alexius Meinong, 오스트리아의 철학자, 심리학자, 대상론의 창시자.이 발달시킨 존재론의 한 유형만 살펴봐도 모든 표현이나 판단은 반드시 하나의 대상에 상응하며, 이때 그 대상이 반드시 실존해야 할 필요는 없다. 대상은 특정한 성질을 지닌 어떤 것을 말하지만, 존재가 필수적이지는 않다. 마이농보다 700여 년 앞서 활동했던 철학자 아비켄나Avicenna, 중세 최대의 과학자로 페르시아 제국의 철학자이자 의학자.는 존재란 본질이나 실체의 우연한 성질(우연히 발생하는 우연자accidens adveniens quidditati)에 지나지 않는다고 말했다.

이런 점에서 숫자 17이나 직각과 같은 추상적 대상(실제로 존재하지는 않지만 유효한)과, 나 자신과 안나 카레니나 같은 구체적 대상(나는 PhEO이고 안나 카레니나는 아니라는 차이는 있지만)이 존재할 수 있다.

물론 분명히 말하지만 허구적 등장인물들의 존재론에 대해 여기에서 세세히 다루지는 않을 것이다. 존재론에 대해 이야기하려면 그 대상은 어떠한 주관적 감각과도 별개인 존재로 간주해야 한다. 예를 들어 직각의 경우, 많은 수학자들과 철학자들은 이를 일종의 플라톤적 실체 Platonic entity로 이해한다. 즉 '직각은 90도다'라는 주장은 인류가 사라진 후에도 참이며, 지구 밖의 외계인들조차 그 진리를 수용할 거라는 뜻이다.

이에 비해 안나 카레니나가 자살했다는 사실은 현재의 많은 독자들이 지닌 문화적 능력에 따라 달라진다. 안나의 죽음은 몇몇 책들을 통해 증명되지만, 지구상의 인류와 책들이 전부 사라지면 그 사실도 잊혀지게 마련이다. 직각이 90도라는 건 유클리드 기하학을 아는 외계인들에게나 참이고, 안나 카레니나의 죽음은 외계인들이 톨스토이의 소설을 한 권만 건져내도 참으로 남는다고 반론할 수 있다. 하지만 나는 여기에서 수학적 이론이 갖고 있는 플라톤적 속성에 대한 입장을 정할 의무도 없고, 또한 기하학이나 외계의 비교문학에 대한 어떠한 정보도 갖고 있지 않다. 어쨌든 피타고라스의 정리는 그에 대해 생각할 수 있는 인류가 존재하지 않는다 해도 참이라 가정하고, 반면 안나 카레니나에게 어떠한 존재성이든 부여하려면 톨스토이의 텍스트를 보고 정신 현상을 일으킬 수 있는 유사類似 인간의 사고가 필요하다고 상정해보자.

내가 유일하게 확신할 수 있는 부분은 안나 카레니나가 자살했다는 사실에 마음 아파하는 사람들은 꽤 되지만, 직각이 90도라는 사실에 충격을 받거나 슬퍼하는 사람은 거의 없다는 것이다. 여기서 고민할 문제의 핵심은 사람들이 허구적 등장인물 때문에 마음 아파하는 이유가 무엇인지이기 때문에, 존재론의 관점에서는 아무런 추정도 할 수 없다. 나는 안나 카레니나를 정신 의존적 대상mind-dependent object, 즉 인지의 대상으로 여길 수밖에 없다. 달리 말해서(나의 관점에 대해서는 뒤에서 좀 더 명확히 설명할 것이다), 내 접근법은 존재론적이 아니라 기호론적이다. 즉, 나의 관심사는 실력 있는 독자들, 특히 안나 카레니나를 과거의 PhEO도, 현재의 PhEO도 아니라고 생각하는 독자들이, '안나 카레니나'를 무엇으로 받아들이는가 하는 점이다.[7]

나아가 내가 살펴볼 문제는 다음과 같다. 안나 카레니나가 PhEO가 아니라고 확신한다면, 평범한 독자는 '안나 카레니나가 자살했다'는 주장을 어떤 의미에서 참으로 받아들일 수 있을까? 이 질문은 "허구적 등장인물들은 우주 안의 어떤 공간에서 살고 있을까?"가 아니라, "우리는 어떻게 허구적 등장인물들이 우주 안의 어떠한 공간에 살고 있는 것처럼 말하는가?"에 가깝다. 이 모든 질문에 답하려면, 먼저 허구적 등장인물들과 그들이 살아가는 세계에 관한 명확한 사실 몇 가지를 생각해보는 것이 좋다.

불완전한 가능 세계와 완전한 등장인물들

의미상 허구적 텍스트는 명백히 존재하지 않는 사람과 사건들에 대한 이야기이다(그리고 정확히 이런 이유에서, 독자들에게 불신을 거두라고 요구한다). 그러므로 진리 조건적 의미론truth-conditional semantics의 관점에서, 허구적 주장이 명시하는 바는 항상 사실과 다르다. 그런데도 우리는 허구적 주장을 거짓으로 여기지 않는다. 무엇보다 허구적인 소설을 읽을 때 우리는 저자와의 암묵적인 합의의 세계로 들어가고, 저자는 자신의 글이 사실인 척하면서 우리에게 진지하게 받아들이는 척하라고 주문한다.[8]

이와 같이 모든 소설가는 가능 세계를 설계하고, 사실과 거짓에 대한 판단은 그 가능 세계와 결부된다. 이렇게 해서 셜록 홈스가 베이커 가에 살았다는 말은 허구적 사실이 되고, 스푼 강 강기슭에 살았다는 말은 허구적 거짓이 된다.

허구적 텍스트는 우리가 사는 세계와 동떨어진 세계를 무대로 설정하지 않는다. 동화든 공상과학소설이든 마찬가지이다. 허구적 상황이라 하더라도 숲이 배경으로 등장하면 그 숲은 현실 세계의 숲과 어느 정도 비슷하다(나무가 광물이 아닌 식물로 표현되는 것처럼). 만약 예상 밖에 숲이 광물 나무로 이루어졌다고 해도, '광물'과 '나무'라는 개념은 현실 세계에서의 개념과 동일할 수밖에 없다.

흔히 소설은 장르가 갖고 있는 주요 특성상 우리의 일상생활을 무대로 삼는다.

렉스 스타우트Rex Stout, 미국의 추리소설가.의 소설들은 네로 울프나 아치 굿윈, 솔 팬저, 혹은 크래머 경감과 같이 뉴욕 시민 명부에 이름도 올라 있지 않은 사람들이 뉴욕 시에 산다는 주장을 사실로 여기라고 요구한다. 하지만 그 외의 모든 사건들이 일어나는 뉴욕은 현실 세계(의 현재나 과거)와 똑같은 공간이고, 그렇기 때문에 아치 굿윈이 센트럴파크에서 돌연 에펠탑에 올라가겠다고 말한다면 독자는 당황할 수밖에 없다. 허구의 세계는 가능 세계일 뿐 아니라 '작은 세계small world'이기도 하다. 즉, 실제 세계의 한 구석에서 일어나는 지엽적인 사건들이 상대적으로 축약되어 진행되는 작은 공간이라는 말이다.[9]

허구 세계는 최고 상태가 아닌 불완전 상태이다.[10] 현실 세계에서 '존은 파리에 산다'는 서술이 참이라면, 존이 프랑스의 수도에 살며 밀라노보다는 북쪽에, 스톡홀름보다는 남쪽에 거주하는 것도 참이다. 이러한 전제들은 믿음으로 이루어지는 가능 세계, 말하자면 '믿음doxastic의 세계'에서는 참이 아니다. 존이 '톰이 파리에 산다고 믿는 것'이 참이라고 해서, 존이 '톰이 밀라노의 북쪽에 산다고 믿는 것'이 참이라는 뜻은 아니다. 존이 지리를 잘 모르는 사람일 수 있기 때문이다.[11]

허구 세계는 약간 차이는 있지만 '믿음'의 세계만큼 불완전하다.

예를 들어, 프레더릭 폴Frederik Pohl과 콘블루드C. M. Kornbluth의 소설 『우주의 상인들The Space Merchants』에는 이런 문장이 나온다.

> 나는 면도 비누로 얼굴을 문지른 후 수도꼭지에서 떨어지는 몇 방울의 연수軟水로 얼굴을 헹구었다.[12]

현실 세계를 가리키는 문장이라면, '연수'라는 표현은 불필요했을 것이다. 수도꼭지를 틀면 으레 연수가 나오기 때문이다. 하지만 이 문장이 허구 세계를 묘사한다고 생각하면, 염수鹽水가 흐르는 수도꼭지와 연수가 흐르는 수도꼭지가 구분되는(현실에서라면 온수와 냉수로 구분되지만) 세계에 대한 간접적인 정보를 제공한다고 볼 수 있다. 소설 속에 더 이상의 정보가 없다 하더라도, 독자들은 이 공상과학소설이 신선한 물이 부족한 미래의 가상 세계를 다루고 있다고 열심히 추론할 것이다. 그리고 그 이상의 다른 정보가 없는 이상 우리는 연수나 염수나 모두 흔히 아는 H_2O라고 생각할 수밖에 없다. 이런 점에서 허구 세계는 현실 세계에 기생하고 있다.[13]

허구적 가능 세계는 텍스트가 노골적으로 내미는 변형 요소들을 제외하면 모든 것이 소위 현실 세계와 유사한 세계이다.

셰익스피어는 『겨울 이야기The Winter's Tale』에서 3막 3장의 무대는 바다 인근의 사막 지대인 '보헤미아Bohemia, 중부 유럽에 있었던 역사상의 국가. 현재는 체코의 서부에 해당하는 지방으로 엘베 강의 상류 지역에 위치한다.'라고 말한다. 우리는 스위스의 내륙 휴양지들처럼 보헤미아에도 해안이 없다고 알고 있지만, '보헤미아'에 해변이 있다는(셰익스피어의 극 속 가능 세계에서) 말을 당연한 것으로 받아들인다. 허구적으로 합의하고 불신을 미루어둠으로써, 우리는 그러한 변형을 마치 사실인 것처럼 받아들여야 하는 것이다.[14]

'허구적 등장인물들은 미확정未確定적이다'는 말이 있다. 즉, 우리가 알 수 있는 등장인물의 성격은 부분일 뿐이다.

반면 실존하는 인간은 '확정確定'적이고, 우리는 한 사람 한 사람을 각각이 지닌 속성으로 단정할 수 있다고 말한다.[15]

하지만 이 말은 존재론적 관점에서는 참일지 몰라도 인식론적 관점에서는 거짓이다. 어떤 개인이나 어떤 종의 성질은 어쩌면 무한할 수 있고, 따라서 모든 성질을 확실하게 단언할 수 있는 사람은 지구상에 없다. 반면 허구적 등장인물들의 속성은 텍스트의 서사 안에 엄격히 제한되기 때문에, 텍스트에 언급된 특징들만 그 인물의 정체성으로 간주하면 된다.

사실 나는 레오폴드 블룸제임스 조이스의 작품, 『율리시스Ulysses』에 등장하는 주인공.은 알아도 내 아버지에 대해서는 잘 모른다. 내가 모르는 아버지의 삶이, 한 번도 드러나지 않았던 아버지의 생각들, 슬픔, 갈등, 나약함을 꽁꽁 싸매야 했던 아버지의 시간들이 어떠했을지 그 누가 알겠는가?

이제 아버지는 이 세상에 없다. 나는 아마 그러한 비밀과 어쩌면 내 아버지라는 존재의 근본적인 면면들도 영원히 알아내지 못할 것이다. 뒤마가 묘사했던 역사학자들처럼, 나는 영원히 떠나간 사랑하는 유령에 대해 헛되이도 생각하고 또 생각한다. 이에 비해 나는 레오폴드 블룸에 대해 알 만큼은 안다. 그리고 『율리시스』를 다시 읽을 때마다 그에 대해 조금씩 더 알게 된다.

역사적 사실들을 다루는 역사학자들은 어떤 단편적인 정보들이 의미가 있는지 없는지 몇 세기 동안 갑론을박할 수 있다. 일례로 나폴레옹의 역사를 다룰 때, 그가 워털루 전쟁을 치르기 전에 어떤 음식을 먹었는지 알아야 할 필요가 있을까? 많은 전기 작가들은 그렇게까지 세세한 일들은 무의미하다고 여긴다. 하지만 음식이 인간 행동에 결정적인 영향을 미친다고 굳게 믿는 학자들도 있을 수 있다. 따라서 나폴레옹과 관련된 이런 자세한 면면들은, 어느 정도 증명할 수 있는 문서만 있다면 이들 학자들에게 더없이 중요한 연구 자원이 될 것이다. 이에 비해 허구적 텍스트들은 이야기와 등장인물의 심리 등을 해석하는 데 어떤 세부 정보들이 유의미하고 어떤 정보들이 지엽적인지 어느 정도 정확히 보여준다.

스탕달Stendhal은 『적과 흑The Red and the Black』 2권 35장에서 쥘리앵 소렐이 베리에르의 교회를 찾아가 드 레날 부인을 살해하려는 장면을 묘사한다. 그는 쥘리엥이 부들부들 팔을 떨었다고 하면서 이렇게 적는다.

> 그때 미사를 주재하던 젊은 사제가 성체성사를 알리는 종을 울렸다. 드 레날 부인이 고개를 숙였다. 잠시 부인의 머리가 미사포에 가려져 거의 보이지 않았다. 그러자 쥘리엥은 부인의 모습을 잘 알아볼 수 없었다. 그는 부인을 향해 총을 쏘았다. 탄환이 빗나갔다. 그는 두 번째로 방아쇠를 당겼다. 부인이 쓰러졌다.[16]

다음 페이지에서 우리는 드 레날 부인이 치명적인 부상을 입지 않았다는 말을 듣는다. 첫 번째 탄환은 부인의 모자를 꿰뚫었고, 두 번째 탄환은 어깨에 맞았다. 많은 비평가들이 관심을 나타낸 것처럼,[17] 스탕달이 두 번째 탄환이 떨어진 위치를 구체적으로 명시한 부분은 흥미롭다. 탄환은 부인의 어깨를 지나 고딕식 기둥으로 튀어 큼지막한 돌조각을 떨어뜨렸다. 하지만 그에 비해 첫 번째 탄환에 대해서는 별로 언급하지 않았다.

사람들은 아직도 쥘리엥의 첫 번째 탄환이 어떻게 됐

는지 궁금해한다. 의심할 나위 없이 많은 스탕달 애호가들은 교회의 정확한 위치를 찾고 탄환의 흔적(다른 기둥에서 떨어진 돌조각 같은 것)을 쫓기 위해 애쓰고 있을 것이다. 마찬가지로 많은 제임스 조이스 애호가들은 레오폴드 블룸이 레몬으로 만든 비누를 샀던 약국을 찾아 더블린으로 모여든다. 그리고 그렇게 존재하는, 혹은 존재했던 약국에서 나도 1965년에 같은 비누를 구입했다. 아마도 약사는 조이스의 세계를 찾아 모여드는 관광객들을 즐겁게 해주기 위해 레몬 비누를 만들었을 것이다.

어떤 비평가가 사라진 탄환을 기점으로 삼아 스탕달의 소설 전체를 해석하고 싶어 한다고 해보자. 말도 안 되는 비평이 탄생할 것이다! 텍스트는 사라진 탄환에 의미를 두지 않기 때문에(사실상 거의 언급조차 하지 않는다), 그런 해석은 억지스럽다고 할 수 있다. 허구적 텍스트는 서사 세계 안에서 무엇이 참이고 거짓인지를 말해줄 뿐 아니라, 무엇이 의미 있는지, 혹은 무엇을 무시해도 좋은지까지도 보여준다.

이런 이유로 우리는 허구적 등장인물들에 대해 추호의 의심도 없이 단언할 수 있는 것이다. 쥘리엥 소렐의 첫 번째 탄환이 표적을 빗나간 것은, 미키 마우스가 미니 마우스의 남자 친구인 것처럼 어찌할 수 없는 사실이다.

허구적 주장 vs. 역사적 주장

'안나 카레니나는 철도에 몸을 던져 자살했다'와 같은 허구적 주장이 '아돌프 히틀러는 자살했고, 그 시신은 베를린의 지하 벙커에서 불탔다'는 역사적 주장만큼 사실일까? 물론 안나 카레니나의 이야기는 창작인 반면, 히틀러의 이야기는 역사적 사건과 관련된다. 참인지 거짓인지만을 따진다면 '안나 카레니나는 철도에 몸을 던져 자살했다'는 '현실 세계에서 톨스토이의 소설이라는 텍스트에 따르면 안나 카레니나는 철도에 몸을 던져 자살했다'의 다른 표현에 지나지 않는다. 그렇다면 논리적 표현으로 안나 카레니나에 대한 서술은 '사실적 진리de re'가 아닌 '언어적 진리de dicto'이고, 기호학적 관점에서 보면 내용의 차원이 아닌 표현의 차원과 관계된다. 혹은 페르디낭 드 소쉬르Ferdinand de Saussure, 스위스의 언어학자로 오늘날 사상계를 풍미하는 구조주의의 선구자.의 표현에 따라 시니피에signifiéd, 언어를 성립하는 소리와 의미 중 의미를 가리킨다.보다는 시니피앙signifiant, 언어를 성립하는 소리와 의미 중 소리를 가리킨다.의 차원이다.

허구적 등장인물들에 대해 참인 서술을 할 수 있는 까닭은, 그들에게 일어난 일이 텍스트에 기록되어 있고 텍스트는 음악의 악보 같은 역할을 하기 때문이다. '안나 카레니나는 철도에 몸을 던져 자살했다'는 서술이 참인 것은, 베토벤 교향곡 5번이 C 단조(교향곡 6번처럼 F 장조가 아니라)이고 'G, G, G, E 플랫'이라는 악구로 시작한다는 것이 참인 것과 같다.

허구적 주장을 위와 같은 식으로 수용하는 태도를 '작품 본위적 접근법score-oriented approach'이라고 해두자. 이런 태도는 독자의 경험이라는 관점에서 볼 때 전적으로 만족스럽지는 않다. 작품을 읽는 것은 복잡한 해석 과정이고, 그 과정에서 여러 문제들이 파생되기 때문이다. 그렇지만 그런 문제들을 일단 뒤로 미루어둔다면, 악보는 주어진 소리의 배열을 생성하는 규칙을 알려주는 기호 장치라 할 수 있다. 기록된 일련의 신호들을 소리로 변형시킨 후에야 듣는 이도 베토벤 교향곡 5번을 들었다고 말할 수 있다(아주 노련한 음악가가 홀로 조용히 악보를 읽을 때도 마찬가지이다. 그 음악가는 마음속으로 소리를 재생하는 것이다). '현실 세계에서 톨스토이의 소설이라는 텍스트에 따르면 안나 카레니나는 철도에 몸을 던져 자살했다'는 서술은 참이라고 말할 때, 그 말은 활자화된 지면 속 세계에 단어로 표현된 장면들이 있고, 독자는 그 장면을 발화發話함으로써(마음속으로라도) 안나 카레니나와 브론스키 같은 인물이 존재하는 서사 세계가 있다는 것을 알게 된다는 뜻이다.

하지만 안나 카레니나와 브론스키의 이야기를 발화할 때, 우리는 대개 그들의 우여곡절이 담긴 텍스트를 읽는다고 생각하지 않는다. 그들을 마치 현실의 인물처럼 여기는 것이다.

성서가 현실 세계에서 '베레시트Bereshit……', 즉 '태초에……'로 시작한다는 서술은 참이다. 하지만 카인이 아벨을 죽이고 아브라함이 아들을 제물로 바치려 했다고 말할 때(그리고 흔히 이 사건들을 도덕적으로나 종교적으로 해석하려고 할 때) 원래의 히브리어 작품(성서 독자의 90퍼센트는 잘 모르는)을 참고하는 사람은 거의 없다. 사람들이 이야기하는 것은 성서 텍스트의 '표현'이 아니라 '내용'이다. 카인이 아벨을 죽였다는 사실을 알려주는 건 문자화된 성서 작품이고, 많은 비물질적 대상nonphysical objects들, 즉 '사회적 대상들social objects'의 존재성은 문서로 입증될 수 있거나 입증되어야 한다고 받아들였다. 하지만 우리는 앞으로 (1)때로는 허구적 등장인물들이 문서로 기록되기 전에 존재했다는 것(신화나 전설 속 인물의 경우)과 (2)많은 허구적 등장인물들이 그 존재를 기록한 문서보다 더 오래 살아남았다는 것도 알게 될 것이다.

사실 아돌프 히틀러와 안나 카레니나가 서로 다른 종류의 실체이고, 양자의 존재론적 지위가 각각 다르다고 말할 수 있는 사람은 아무도 없다고 생각한다. 나는 미국의 학계 일부에서 경멸 조로 이야기하는 '텍스트주의자textualist'가 아니다. 일부 해체주의자들이 그러하듯 사실은 존재하지 않고 오직 해석이, 즉 텍스트가 존재할 뿐이라고 믿는 사람이 아니라는 뜻이다. 퍼스의 기호학을 바탕으로 해석 이론을 연구한 사람으로서, 어떤 해석이든 시도하기 위해서는 반드시 해석되어야 할 어느 정도의 사실이 있어야 한다는 게 내 생각이다.[18]

틀림없이 텍스트로 존재하는 사실(예컨대 이제 막 읽으려고 하는 물질로서의 책)과 단순히 텍스트가 아닌 사실(예컨대 이 책을 읽고 있다는 사실) 사이에 차이가 있다는 걸 받아들이며, 나는 히틀러가 실존했던 사람(어느 역사학자가 믿을 수 있는 반대 증거를 가져와서, 사실 히틀러는 베르너 폰 브라운 Wernher von Braun, 제2차 세계대전 때 독일의 로켓 개발과 냉전시대 미국의 우주 개발에 핵심적인 역할을 한 독일계 미국인.이 조립한 로봇이었다고 증명하지 않는 이상)인 반면, 안나 카레니나는 인간의 머리로 만들어낸 상상일 뿐이라고, 일각의 말을 빌리자면 '인공물'이라는 것을, 굳게 믿는다.[19]

어쨌든 '언어적 진리'에는 허구적 주장뿐만 아니라 역사적 주장들도 포함된다고 볼 수 있다. 학생들이 히틀러가 베를린의 한 벙커에서 죽었다고 쓴다면, 그것은 그들이 배운 역사 교과서에 따를 때 참이라는 뜻이다. 다시 말해서 나의 직접적인 경험('비가 온다'와 같은)에 의거한 판단을 제외하면, 문화적 경험(즉, 백과사전에 기록되는 종류의 모든 정보들, 공룡은 쥐라기에 살았고, 네로는 광기에 시달렸으며, 황산의 화학식은 H_2SO_4라는 것 등)에 근거하여 내리는 모든 판단은 텍스트상 정보에 바탕을 둔다. '실질적 진리de facto truth'를 표방하는 것처럼 보일 때조차 그 정보들은 '언어적 진리'에 불과하다.

그러면 내가 백과사전을 통해 주지의 사실이라고 배웠던 모든 사항(예컨대 태양과 지구의 거리나 히틀러가 벙커에서 죽었다는 사실 등)들을 '백과사전적 사실'이라고 불러보자. 이러한 단편적 정보들을 사실로 받아들이는 이유는, 내가 과학계를 신뢰하고, 일종의 지식 노동의 분야를 수용하며, 그에 따라 선정한 전문가들로 하여금 그 정보들을 입증하게 했기 때문이다. 하지만 백과사전적 주장에는 한계가 있다. 언제든 수정될 가능성이 있다는 점이다.

과학 분야에선 원래 항상 새로운 발견이나 발명으로 기존의 관념이 뒤집어질 수도 있기 때문이다.

편견 정신을 유지하는 한 우리는 새로운 문헌이 발견되면 히틀러의 죽음에 대한 생각을 고쳐야 하고, 새로운 천문학적 측량법이 발견되면 태양과 지구의 거리에 대한 믿음을 바꿔야 한다.

더욱이 히틀러가 벙커에서 죽었다는 사실에는 이미 몇몇 역사학자들이 의문을 제기했다. 히틀러가 동맹군에 의한 베를린 함락 후까지 살아남아 아르헨티나로 탈출했다는 말도, 벙커에서 불에 타 죽은 사람은 아무도 없었다거나 불에 탄 시신은 다른 사람의 것이라는 말도, 히틀러의 자살은 벙커에 도착한 러시아군이 선전용으로 삼기 위해 날조한 사실이라는 말도, 아직도 벙커의 정확한 위치가 논쟁에 싸여 있는 걸 보면 벙커 자체가 원래 없었다는 말도, 기타 이러저러한 설들도 모두 있을 법한 얘기이다.

반면에, '안나 카레니나는 철도에 몸을 던져 자살했다'라는 주장에는 의문의 여지가 없다.

백과사전적 사실에 관한 모든 주장은 '외적 경험의 타당성(external empirical legitimacy, 여기에 준해 '히틀러가 정말로 벙커에서 죽었다는 증거를 가져와봐'라고 말할 수 있다)'으로 따지면 시험대에 오를 수 있고, 또 꼭 그래야만 한다. 반면 안나 카레니나의 자살에 관한 주장은 '내적 텍스트의 타당성(internal textual legitimacy, 그 사실을 입증하기 위해 텍스트 외의 것을 살펴볼 필요가 없다는 뜻이다)'의 사례와 관련된다. 이러한 내적 타당성에 기초하여 우리는 안나 카레니나가 피에르 베즈호프톨스토이의 『전쟁과 평화』에 나오는 인물.와 결혼했다고 말하는 사람을 정신이 나갔거나 식견이 짧다고 무시하게 된다. 하지만 히틀러의 죽음에 의문을 제기하는 사람은 그 정도로 무시하지 않는다.

이러한 내적 타당성에서 볼 때 허구적 등장인물의 정체성에는 오해의 여지가 없다. 그러나 현실 세계에서 우리는 아직도 철가면Man in the Iron Mask, 강제로 철가면을 쓴 상태에서 수년 동안 수감 생활을 하다가 옥사했다는 프랑스의 정치범.의 정체를 잘 모른다. 카스파 하우저Kaspar Hauser, 19세기 독일 뉘른베르크에서 버려진 채 발견된 아이로, 출생 후부터 일체의 경험을 박탈당한 채로 생활했다고 알려져 있다. 그의 정체와 출생의 비밀은 아직 수수께끼에 싸여 있다.의 신원도 알지 못한다. 아나스타샤 니콜라에브나 로마노바가 예카테린부르크에서 다른 러시아 황실 가족들과 함께 암살당했는지, 아니면 잉그리드 버그먼이 주연한 영화에서처럼 살아남아 로마노프 왕조의 법적 상속자로 소송을 청구했는지도 역시 알 수 없다.

반면, 아서 코넌 도일의 소설을 읽을 때 우리는 셜록 홈스가 말하는 왓슨이 늘 동일 인물이고, 런던이라는 도시에 같은 직업을 지닌 동명이인은 없다고 확신한다. 최소한 텍스트는 그렇게 암시한다. 나는 다른 자리에서 솔 크립키Saul Kripke, 미국의 철학자로 분석철학에서 빼어난 공적을 남겼다.의 고정지시어rigid designation, 모든 세계 안에서 동일 대상을 지시하는 언어.

이론에 반대 의견을 주장한 적이 있지만,[20] 그 개념이 허구적 가능 세계 안에서 유효하다는 점은 기꺼이 인정한다. 우리는 왓슨 박사를 여러 측면으로 정의할 수 있지만, 명백한 것은 『주홍색 연구A Study in Scarlet』에서 스탬포드라는 인물이 그를 맨 처음 왓슨이라고 불렀고, 그 이후로 셜록 홈스와 코넌 도일의 독자들은 맨 처음 '왓슨'이라고 불린 사람을 바로 '왓슨'이라고 생각한다는 것이다. 코넌 도일이 앞으로 발표할 소설을 통해, 마이완드 대전에서 부상을 당했다거나 의학 공부를 했다는 왓슨의 말이 거짓이라고 폭로할 수도 있다. 하지만 그런 경우라도 사기꾼으로 밝혀진 왓슨 박사가 『주홍색 연구』에서 처음 셜록 홈스를 만났던 그 사람이라는 데는 변함이 없다. 허구적 등장인물들이 견고한 정체성을 갖고 있다는 점은 대단히 중요하다.

필립 두망Philippe Doumenc은 그의 소설 『엠마 보바리의 죽음에 대한 재조사Contre-enquête sur la mort d'Emma Bovary』[21]에서, 경찰 조사 결과 보바리 부인이 스스로 독약을 먹은 게 아니라 살해당했다는 이야기를 들려준다. 이 소설이 약간의 맛을 지닐 수 있는 까닭은, 순전히 '현실'의 엠마 보바리가 독약을 먹었다는 사실을 독자들이 당연하게 받아들이기 때문이다. 독자들은 소위 '유크로니아Uchronia, 이상시理想時'적 이야기를 즐기듯 두망의 소설을 읽을 수 있다. 공간적 개념인 '유토피아Utopia, 이상향理想鄕'와 대칭을 이루는 '유크로니아'적 이야기는, 예를 들어 나폴레옹이 워털루 전쟁에서 승리했다면 유럽이 어떻게 됐을까라는 작가의 상상을 바탕으로 한 일종의 '역사소설'이나 과거에 관한 '공상과학소설'에서 볼 수 있다. 마찬가지로, 두망의 소설을 재미있게 읽으려면 독자들은 보바리 부인의 자살을 당연한 일로 여겨야 한다. 그렇지 않다면 대칭 소설을 쓰거나 읽을 이유가 없지 않겠는가?

허구적 진술의 인식론적 기능

우리는 아직 작품 본위적 접근법의 틀 밖에서 볼 때 허구적 등장인물들이 어떤 종류의 실체인지 알아내지 못했다. 하지만 허구적 진술은, 우리가 그 진술을 이용하고 사고하는 방식 때문에 현재적 사실 개념을 명료화하는 데 필수적이라는 것 정도는 이제 알 수 있다.

어떤 주장이 참이 된다는 게 무슨 의미냐는 질문을 받는다고 해보자. 알프레드 타르스키Alfred Tarski, 폴란드에서 태어난 미국 수학자, 논리학자.가 만들어낸 유명한 정의를 좇아 우리는 '눈은 희다'라는 말은 눈이 흴 때, 그리고 오직 눈이 흴 때에만 참이라고 대답한다. 이 말은 지적 토론을 자극하는 데는 꽤 흥미로울지 몰라도 평범한 사람들에게는 거의 쓸모없는 대답이다(예를 들어, 우리는 어떤 종류의 물리적 증거가 있어야 눈이 희다고 주장할 수 있는지 알지 못한다). 차라리 의심할 여지없이 참이려면 '슈퍼맨은 클라크 켄트Clark Kent이다'처럼 반박하기 어려운 주장이어야 한다고 말하는 게 낫다.

일반적으로 독자들은 안나 카레니나가 자살했다는 생각을 반박할 수 없다고 받아들인다. 하지만 외적 경험적 증거를 찾아보고 싶다 하더라도, 작품 본위적 접근법(이 접근법에 따르면 우리가 입수할 수 있는 책 속에서 톨스토이가 이러저러하게 썼다는 것이 참이다)을 받아들이는 이상 그 주장을 확인해주는 감각 자료sense data, 추론이나 기타 지적 과정을 거치지 않고 직접적 또는 능동적으로 의식할 수 있는 자료.를 갖는 것으로 충분하다. 반면 히틀러의 죽음에 관해서는 아직 모든 증거가 확실치 않다.

'히틀러는 베를린의 벙커에서 죽었다'가 의문의 여지 없이 참인지 판단하기 위해서는, 이 진술이 '슈퍼맨은 클라크 켄트이다'나 '안나 카레니나는 철도에 몸을 던져 죽었다'처럼 의심할 수 없는 참인지 알아내야 한다. 이런 식의 시험을 통과한 후에야 우리는 '히틀러는 베를린의 벙커에서 죽었다'가 참일 수도 있고, 어쩌면 참일 가능성이 매우 높지만 한 점 의혹도 없는 건 아니라는 말도 할 수 있다(반면 '슈퍼맨은 클라크 켄트이다'는 추호도 의심할 수 없다). 교황과 달라이 라마라 하더라도 예수 그리스도가 참으로 하느님의 아들인지를 놓고 몇 년씩 논쟁을 벌일 수는 있지만, 클라크 켄트가 슈퍼맨이고 슈퍼맨이 클라크 켄트라는 점은 인정할 수밖에 없다(물론 이들이 문학작품이나 영화, 만화 잡지에 일가견이 있다면). 이것이 바로 허구적 진술의 인식론적 기능이고, 이러한 진술들은 사실의 반박 불가성을 확인하는 '리트머스 시험지'로 이용될 수 있다.

변이적 작품 안의 변이적 개체들

허구적 사실들에 부동의 진리가 존재한다고 쳐도 허구적 등장인물들의 시련에 흐느껴 우는 이유를 설명할 수 있는 것은 아니다. '톨스토이는 안나 카레니나가 죽었다고 적었다'는데 마음 아파할 사람은 없다. 마음이 아픈 이유는 기껏해야 '안나 카레니나가 죽었기' 때문이고, 그건 처음 그 글을 쓴 사람이 톨스토이라는 사실을 모른다 해도 달라지지 않는다. 이 말은 안나 카레니나나 클라크 켄트 혹은 햄릿 등 다른 많은 인물에도 똑같이 해당되지만, 모든 허구적 등장인물들에 대해 해당되는 것은 아니다. 네로 울프의 일거수일투족에 통달한 전문가를 제외하면, 대이너 해먼드Dana Hammond가 누구이고 무슨 일을 했는지는 아무도 모른다. 잘 해야 『최고의 가문In the Best Families, 1950』이라는 제목의 소설 안에서, 대이너 해먼드라는 한 은행가가 이러저러한 일을 했다는 텍스트 서술이 있다고 말할 수 있을 뿐이다. 말하자면 대이너 해먼드는 원작 안에 죄수처럼 갇혀 있는 셈이다. 이에 비해 유명하거나 악명 높은 은행가를 인용하고 싶을 때는 뉘싱겐 남작이라는, 발자크Honore de Balzac의 소설 안에서 태어났고, 소설 밖에서도 어느 정도 생명력을 얻은 인물을 언급하면 된다. 뉘싱겐은 일부 미학적 이론에서 말하는 '보편적 유형universal type'이 되었다. 대이너 해먼드에게는 딱한 일이지만 그렇지 않다.

이런 점에서 특정한 허구적 등장인물들은 원작과도 독립적인 일종의 존재감을 획득한다. 안나 카레니나의 운명을 아는 사람들 중 톨스토이의 소설을 제대로 읽은 사람이 과연 몇 명이나 될까? 또 영화(대표적으로 그레타 가르보가 주연한 영화 두 편을 비롯하여)와 TV 드라마를 통해 그녀에 대한 얘기를 들은 사람들은 얼마나 될까? 정확한 답은 모르지만, 많은 허구적 등장인물들이 그들에게 존재를 부여했던 작품 밖에서 '살아가고' 있으며, 범위를 정하기가 굉장히 힘든 보편의 영역으로 들어가고 있는 것만은 확실하다. 그중 어떤 등장인물들은 텍스트에서 텍스트로 옮겨 다니기도 한다. 우리가 집단적 상상력을 발휘하여 수세기 동안 그들에게 감정을 투사하고, 그 인물들을 '변이적' 개체로 변형시켰기 때문이다. 이런 일들은 대부분 뛰어난 예술 작품이나 신화 속 인물들을 상대로 일어나지만, 확실히 전부 그렇지는 않다.

이렇게 우리의 변이적 실체들의 부락에는 햄릿과 로빈 후드, 히스클리프와 밀라디, 레오폴드 블룸과 슈퍼맨이 살고 있다.

변이적 등장인물들은 언제나 매혹적이기 때문에, 나는 다음과 같은 문학적 패스티시pastiche, 다른 작품에서 내용이나 표현 양식을 빌려와 복제하거나 수정하는 행위 또는 그러한 작품.를 만든 적이 있다(이러한 자기표절에 대해 용서를 구한다).

1950년 빈. 20년이 흘렀지만 샘 스페이드는 몰타 섬의 매를 추적하는 일을 단념하지 않았다. 그는 지금 해리 라임을 만나고 있다. 그들은 프라터 공원의 대회전 관람차 꼭대기에서 은밀한 대화를 나누는 중이다. 그들은 기구에서 내려 모차르트 카페로 간다. 그곳에서 샘이 〈세월이 흐르면As Time Goes By〉을 현악기로 연주하고 있다. 뒤쪽 테이블에는 입에 담배를 물고 씁쓰레한 표정을 짓고 있는 릭이 앉아 있다. 그는 우거티가 보여준 서류에서 단서를 찾아냈는데, 이제 그는 샘 스페이드에게 우거티의 사진을 보여준다. "카이로야!" 하고 탐정이 중얼거린다. 릭은 그의 설명을 이어 나간다. 그가 드골 해방군의 일원으로서 르노 대위와 파리에

입성했을 때 용 부인(스페인 내란 중 로버트 조던을 암살한 것으로 전해지는)이라는 여자에 대한 얘기를 들었고, 비밀 정보기관이 그녀로 하여금 매를 추적하게 했다는 것이다. 그녀는 여기에 언제라도 오게끔 돼 있었다. 문이 열리고 한 여자가 들어온다. "일자!" 릭이 외친다. "브리지트!" 샘 스페이드가 외친다. "안나 슈미트!" 라임이 외친다. "스칼렛 양! 돌아왔군. 두목을 더 이상 괴롭히지 마" 하고 샘이 외친다. 술집의 어두컴컴한 구석에서 냉소적인 미소를 띤 사내가 나온다. 필립 말로다. 그는 "마플 양, 갑시다. 브라운 신부님이 베이커 가에서 우릴 기다리고 있소" 하고 그녀에게 말한다.[22]

변이적 등장인물에 익숙해지기 위해 원작을 읽을 필요는 없다. 많은 사람은 『오디세이아』를 읽지 않아도 『율리시스』를 이해하고, 『빨간 망토』를 읽는 수백만 어린이들은 빨간 망토 이야기의 주요 원전이라 할 수 있는 샤를 페로Charles Perrault와 그림Grimm형제의 글을 읽지 못했다.

변이적 실체로 거듭나는 데 원작의 미학적 특질이 있

어야 하는 건 아니다. 안나 카레니나의 자살을 비통해하는 사람은 그토록 많은데, 빅토르 위고Victor Hugo의 『93년Ninety-Three』에서 시무르댕의 자살을 애도하는 사람은 왜 얼마 되지 않을까? 개인적으로 나는 앞의 가련한 여인보다 시무르댕(기념비적인 주인공인)의 운명에 더 깊은 감명을 받았다. 애석하게도 다수의 사람들은 나와 반대 입장에 있다. 프랑스 문학 애호가가 아닌 이상 누가 오귀스탱 몬느를 기억하겠는가? 하지만 그는 예나 지금이나 알랭 푸르니에Alain Fournier의 위대한 소설 『대장 몬느Le Grand Meaulnes』의 주인공이다. 어떤 감성적인 독자들은 이런 소설들에 깊이, 열정적으로 매혹된 나머지 오귀스탱 몬느와 시무르댕을 기꺼이 자신들의 부락 속으로 받아들일 것이다. 하지만 다른 많은 동시대 독자들은 이런 등장인물들과 거리 한편에서 마주칠 거라고 기대하지 않는다. 반면 최근에 읽은 한 설문조사에 따르면, 영국 10대 청소년들의 5분의 1은 윈스턴 처칠이나 간디, 디킨스Charles Dickens 등을 허구적 인물로 알고, 셜록 홈스나 엘리노어 릭비Eleanor Rigby, 비틀스의 대표곡명이자 노래 속 주인공 이름.는 실존 인물로 알고 있다고 한다.[23] 따라서 처칠은 변이하는 허구적 실체라는 특권적 지위를 획득하지만 오귀스탱 몬느는 그렇지 않다.

어떤 등장인물들은 특정 작품에서 맡았던 역할보다 텍스트 밖으로 뛰쳐나와 더 유명해진다. 빨간 망토의 예를 살펴보자. 페로의 이야기는 소녀가 늑대에게 잡아먹히는 데서 끝을 맺으면서 경솔한 행동의 위험을 진지하게 숙고하게 만든다. 그림형제의 텍스트에서는 사냥꾼이 등장하여 늑대를 죽인 후 소녀와 할머니를 살려낸다. 오늘날 아이들과 엄마들이 아는 '빨간 망토'는 페로의 이야기도, 그림형제의 이야기도 아니다. 행복한 결말을 맺는 부분은 확실히 그림형제의 영향이지만, 다른 많은 세부 내용에서는 두 이야기가 한데 어우러진다. 우리가 아는 '빨간 망토'는 '변이적 작품'에서 유래했고, 이 이야기는 모든 엄마들과 동화 구연자들이 공유하는 하나의 악보가 되었다.

많은 신화적 인물들은 구체적인 텍스트 속으로 들어가기 전부터 이미 이러한 공유 영역 안에 있다. 오이디푸스는 여러 구전 신화를 거쳐 소포클레스Sophocles, 고대 그리스 3대 비극 시인 중 한 사람.의 연극 소재가 된 인물이다. 수없이 영화에 등장하는 삼총사는 더 이상 뒤마의 삼총사가 아니다.

네로 울프의 이야기들을 읽은 독자라면 누구나 그가 맨해튼에 살며, 웨스트 35번가 어디쯤에 적갈색 돌로 지은 집이 있다는 걸 안다. 렉스 스타우트의 소설에는 적어도 열 개 이상의 서로 다른 집 번지수가 나오지만, 어느 순간 울프 애호가들은 454번지가 올바른 주소라는 데 암묵적으로 동의한다. 그리고 1996년 6월 22일 뉴욕 시와 울프팩Wolfe Pack이라는 동호회는 웨스트 35번가 454번지에 청동 명패를 붙여, 그곳이 허구의 적갈색 벽돌집이 있던 현장이라고 증언한다.

이와 같이 디도그리스 신화에 나오는 카르타고의 여왕.와 메디아그리스 신화에 나오는 아름다운 마녀., 돈키호테, 보바리 부인, 홀든 콜필드샐린저의 소설 『호밀밭의 파수꾼』에 나오는 주인공., 제이 개츠비피츠제럴드의 『위대한 개츠비』에 나오는 주인공., 필립 말로레이먼드 챈들러의 연작 추리소설 속 명탐정., 메그레 경감조르주 시므농Georges Simenon의 소설 속 탐정., 그리고 에르퀼 푸아로애거서 크리스티의 소설 속 명탐정. 등은 모두 원작 밖으로 나와 생명을 얻은 인물들이다.

베르길리우스Vergil, 고대 로마의 시인으로 그의 서사시 「아이네이스Aineis」에 디도의 이야기가 나온다.나 에우리피데스Euripides, 고대 그리스

3대 비극 시인 중 한 명으로 비극 〈메데이아Medeia〉를 통해 메디아를 재해석했다., 세르반테스, 플로베르Flaubert, 『보바리 부인』의 작가., 샐린저, 피츠제럴드, 챈들러, 시므농 혹은 애거서 크리스티Agatha Christie를 몰라도 위의 등장인물들에 대한 이야기는 할 수 있다. 텍스트와 자신들이 태어난 가능 세계에서 독립한 이 인물들은 (말하자면) 우리 사이를 돌아다니는 중이고, 우리는 그들이 실존 인물이 아니라고 쉽게 생각하지 못한다. 그렇게 우리는 이 인물들을 자기 삶의 모델로서뿐 아니라 타자의 삶의 모델로까지 받아들인다. 오이디푸스 콤플렉스와 가르강튀아 같은 욕심, 오셀로 같은 질투 그리고 햄릿 같은 의심을 지닌 사람이 있다면 곧 스크루지라고 말할 터이니 말이다.

기호학적 대상으로서의 허구적 등장인물

이 책에서 내 관심사는 존재론적 문제가 아니라고 말했지만, 이쯤에서 제기되는 근본적인 존재론적 질문은 피해갈 수 없다. '허구적 등장인물의 실체는 무엇이고, 어떤 식으로(엄밀한 의

미에서 존재하는 게 아니라 하더라도) 생명력을 이어가는가?'

허구적 등장인물은 확실히 '기호학적 대상semiotic object'이다. 이 말인즉슨 인물들이 지닌 어떤 속성들이 한 문화의 백과사전 안에 기록되고, 정해진 표현(단어나 심상, 혹은 다른 장치들)을 통해 전달된다는 뜻이다. 이러한 속성들을 우리는 '의미' 혹은 표현의 '시니피에'라고 부른다.

예를 들어 '개'라는 단어는 동물이자 포유류이고 갯과이며 짖는 생물이라는, 그리고 인간의 가장 좋은 친구라는, 종합 백과사전에 등록된 많은 속성들을 내용으로 전달한다. 이런 속성들은 다시 다른 표현들로 '해석'될 수 있다. 그렇게 상호 연관된 일련의 해석들은 하나의 사회가 공유하고 집단적으로 기록하는 용어와 관련된 관념을 담고 있다.

기호학적 대상에는 많은 종류가 있는데, 어떤 것은 PhEO의 종류(예컨대 '탁자' 같은 단어로 전달되는 '자연종nature kinds')를, 어떤 것은 추상적 관념이나 이상적 대상('자유'나 '제곱근' 같은)을 상징하고, 또 어떤 것은 '사회적 대상'으로 묶이거나 결혼, 화폐, 학사학위 등 집단적 동의나 법으로 확립된 실체를 포함한다.[24]

하지만 기호학적 대상이 상징하는 것 중에는 '보스턴'이나 '존 스미스'처럼 적절한 명사들로 표시되는 개인이나 구조도 있다. 나는 '고정 지시어' 이론에 동의하지 않는다. 이 이론에 따르면 특정 표현은 환경이 어떻게 변하든 모든 가능 세계 안에서 동일한 대상을 지시한다고 주장한다. 나는 고유명사란 우리가 일단의 속성들을 걸어 놓는 하나의 말뚝과 같다고 믿는다. '나폴레옹'이라는 이름은 아작시오에서 태어나, 프랑스 군대의 사령관에 오르고 황제가 되었으며, 아우스터리츠 전투Battle of Austerlitz에서 승리하고, 1821년 5월 5일 세인트헬레나 섬에서 세상을 뜬 한 남자라는 구체적인 속성을 전달하는 것이다.[25]

많은 기호학적 대상들에는 공통된 주요 속성이 있다. 지시할 수 있는 대상을 갖는다는 것이다. 다시 말해서 현존하거나('에베레스트 산'이라는 용어처럼), 존재한 적이 있다는('키케로Marcus Tullius Cicero, 로마 공화정 시대 최후의 대정치가이자 웅변가.처럼) 특성을 지니며, 그 용어를 통해 흔히 그 지시물을 알아보는 데 필요한 설명까지 전달한다. '말'이나 '탁자'는 PhEO에 대한 단어이다. '자유'나 '제곱근' 같은 이상적 대상은 구체적인 개별 사례들(예컨대 버몬트 주의 헌법은 모든 시민에게 보장되는 자유의 사례를 예시하고, 3의 제곱근은 1.7320508075688772이다)과 연관 지을 수 있고, 사회적 대상(사건 X는 결혼이다)도 마찬가지이다. 하지만 어떠한 개별 경험과도 결부되기 힘든 자연적, 인공적, 추상적, 혹은 사회적 종류의 사례들이 존재한다. 우리는 '유니콘'이나 '성배', 아이작 아시모프Isaac Asimov, 미국의 SF 작가, 생화학자, 과학해설자.가 정의한 '로봇의 3원칙', '스퀘어서클square circle', 혹은 '메디아' 등이 어떤 의미(속성이라고 말하는)인지 알지만, 물리적 세계에서는 이러한 대상들의 어떠한 사례도 끄집어낼 수 없다.

만약 로만 잉가르덴Roman Ingarden, 폴란드 출신의 철학자.이 다른 목적으로 먼저 사용하지만 않았다면, 나는 이 실체들을 '순수 지향적 대상purely intensional objects'이라고 불렀을 것이다.[26]

잉가르덴이 말하는 순수 지향적 대상이란 교회나 깃발 같은 인공물이다. 전자는 물질적 재료들의 총합 이상이고, 후자는 천 조각 이상이다. 그 안에 사회문화적 전통에 바탕을 둔 상징적 가치가 존재하기 때문이다. 그러나 교회를 그런 식으로 정의한다 해도 '교회'라는 단어는 교회를 식별하게끔 하는 기준 역시 전달하며, 교회를 짓는 재료들과 평균적인 크기(마지팬marzipan, 설탕과 아몬드로 만든 페이스트으로 만든 랭스 대성당Reims Cathedral의 축소 모형은 교회가 아니다) 등까지 내포한다. PhEO로서의 교회도 찾을 수 있다(파리의 노트르담Notre Dame 대성당이나 로마의 성 베드로Saint Peter's 대성전, 혹은 모스크바의 성 바실리Saint Basil's 성당 등). 반면, 허구적 등장인물들을 순수 지향적 대상으로 규정할 때는 곧 현실 세계에 물질적 등가물이 존재하지 않는 속성들의 집합체를 일컫는다. '안나 카레니나'라는 표현에는 아무런 물질적 지시물이 없으며, 현실 세계에서는 '이것이 안나 카레니나요'라고 말할 수 있는 그 무엇도 찾아낼 수 없다. 그런 의미에서 우리는 허구적 등장인물을 '절대 지향적 대상absolutely intensional objects'이라고 해두자.

카롤라 바베로Carola Barbero는 허구적 등장인물을 '고차적 대상object of higher order'이라고 말했다. 즉 존재하는 특성들의 총합 이상으로서의 대상이라는 것이다. 고차적 대상은 '일반적'으로(고정적이지 않게) 그 구성 요소와 관계에 따라 달라진다고 한다. 여기서 '일반적'이란, 한 대상이 특정한 형태를 갖추는 데 '어떤' 요소들이 필요하지

만, '반드시' 특정한 요소들이 필요한 것은 아니라는 뜻이다.[27]

대상을 인식하는 데 결정적인 부분은 그 대상이 게슈탈트Gestalt, 형태를 유지한다는 데 있다. 다시 말해서 구성하는 요소들이 달라져도 요소들 사이의 관계가 끊임없이 이어져야 하는 것이다. 이를테면 '뉴욕발 보스턴행 오후 4시 35분 열차'가 그런 대상이다. 우리는 열차의 차량이 매일매일 바뀌어도 그 열차를 늘 같은 열차로 인식한다. 그뿐 아니라 '뉴욕발 보스턴행 오후 4시 35분 열차는 취소됐다'거나 '뉴욕발 보스턴행 오후 4시 35분 열차는 기술적 결함으로 5시에 출발할 예정이다'라고 말하는 경우처럼 그 존재가 부정되는 때라도 여전히 똑같이 그 대상을 인식한다. 고차적 대상의 대표적인 예는 음악의 멜로디이다. 쇼팽Chopin의 피아노 소나타 2번 B플랫 단조 작품 35는 만돌린mandolin, 이탈리아의 옛 악기.으로 연주해도 알아들을 수 있다.

미학적 관점에서 보자면 엉망진창이 될지 모르지만, 어쨌든 선율의 패턴은 유지될 것이다. 또한 음표 몇 개가 빠져도 작품을 알아듣는 데는 문제가 없다.

음악적 게슈탈트를 유지하는 데 어떤 음표가 빠져도 괜찮은지, 반대로 선율을 인식하려면 어떤 음표가 꼭 있어야 하는지(혹은 그 곡의 결정적 특성을 갖고 있는지) 밝히는 것도 재미있을 것이다. 하지만 이건 이론적으로 접근하기보다는 음악 평론가들이 풀어야 할 과제이고, 어떤 대상을 분석하느냐에 따라 답도 달라질 문제이다.

여기에서 중요한 부분은, 멜로디 대신 허구적 등장인물을 분석할 때도 동일한 문제가 발생한다는 점이다. 보바리 부인은 자살을 하지 않아도 보바리 부인일까? 필립 두망의 소설을 읽다 보면, 실제로 플로베르의 소설 속 등장인물과 같은 사람을 보고 있다는 인상을 받는다. 이러한 '착시' 현상은 두망의 소설은 엠마 보바리가 이미 자살로 생을 마감한 여자라고 알려져 있다는 묘사에서 시작된다. 저자가 제시하는 대안, 즉 타살이라는 주장은 두망의 소설 속 일부 등장인물들의 사견으로 남기 때문에, 엠마 보바리의 주요 속성을 변경시키지 못한다. 바베로는 우디 앨런의 소설 『쿠겔마스 씨의 에피소드The Kugelmass Episode』를 인용한다. 이 소설에서 보바리 부인은 타임머신 같은 장치를 통해 오늘날의 뉴욕에 나타나 연애를 한다.[28]

플로베르의 엠마 보바리에 대한 패러디로 보이는 이 여성은 현대식 옷을 입고 티파니Tiffany에서 쇼핑을 한다. 하지만 우리가 그녀를 알아볼 수 있는 이유는 그녀가 보바리의 결정적 특성들을 고스란히 갖고 있기 때문이다. 우디 앨런이 만들어낸 보바리는 여전히 소시민이고 의사와 결혼했으며 욘빌에 산다. 그리고 작은 마을에서 따분한 생활에 만족하지 못하고 바람을 피운다. 여기서 그녀는 자살하지는 않지만(이 부분이 서사의 아이러니한 특징을 위해 필수적이다) 정확히 자살 직전까지 간다는 이유 때문에 매력적이다(또한 바람직하다). 쿠겔마스는 그녀가 마지막 불륜 관계에 빠지기 '전'에, 너무 늦지 않도록 마치 공상과학소설처럼 플로베르의 세계로 들어가야 한다.

이렇게 허구적 등장인물들은 다른 텍스트에서도 결정적 특성을 갖고 있으면 그 사람이라는 것을 알 수 있다. 어떤 속성이 결정적 특성인지는 인물에 따라 각각 달리 정의해야 한다.[29]

빨간 망토는 소녀이고, 빨간 망토를 입었으며, 늑대를 만난다. 늑대는 빨간 망토 소녀를 잡아먹고 아이의 할머니까지 집어삼킨다. 이것이 빨간 망토 소녀의 결정적 특성이다. 물론 사람마다 소녀의 나이나 바구니에 담긴 음식의 종류 등은 달리 생각할 수 있다. 소녀는 두 가지 방식으로 '변이'를 겪었다. 우선 소녀는 원작 밖에서 생명력을 얻었다. 그리고 원작 밖의 존재는 마치 성운星雲처럼 경계가 모호하고 가변적이다. 하지만 소녀가 지닌 몇 가지 결정적 특성은 변함이 없고, 우리는 그 특성을 통해 다른 문맥과 상황 안에서도 소녀를 알아본다. 만약 늑대를 만나지 않았다면 빨간 망토 소녀는 어떻게 됐을까 궁금해하는 사람도 있을 수 있다. 하지만 내가 다양한 웹사이트에서 찾아낸 여러 빨간 망토 소녀들은 거의 다섯 살에서 열두 살 사이였고, 나는 어디서든 그 동화 속 주인공을 알아볼 수 있었다. 빨간 모자를 쓴 스무 살가량의 섹시한 금발머리 여성의 모습도 있었는데, 이 여성까지 빨간 망토 소녀로 인정했던 이유는 삽화에 딸린 설명 때문이었다. 하지만 이런 모습은 일종의 농담이고 패러디이자 도발적 표현이었을 것이다. 빨간 망토가 되려면, 소녀는 최소한 두 가지 결정적 특성, 즉 빨간 망토를 입고 있다는 것과 '어린' 소녀라는 점에 해당돼야 한다. 바로 이러한 허구적 등장인물들의 존재로 기호학은 지나치게 단순해 보일 위험이 있는 몇 가지 접근법을 수정해야만 한다.

고전적인 의미론의 삼각형은 대개 그림 1처럼 나타난다. 이 삼각형에 지시물이 포함되는 이유는 우리가 흔히 언어 표현을 사용하여 우리 세계에 물질적으로 존재하는 무언가를 지칭하기 때문이다. 나는 피터 스트로슨Peter Strawson, 영국의 철학자.과 같은 입장으로, 언급mentioning이나 지시referring를 행하는 주체는 표현이 아니라 표현을 이용하는 사람이라고 추정한다. 즉 발화나 지시는 표현의 이용

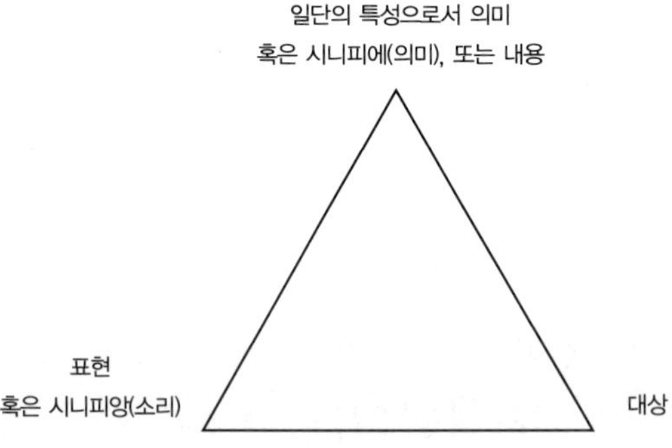

그림 1

과 관련된 기능이다.[30]

예를 들어 '개는 동물이다, 혹은 모든 고양이는 다정하다'고 말할 때, 그것이 '대상이 있는 발화reference'의 행위를 한 것인지는 확실치 않다. 이런 경우는 주어진 기호 대상(혹은 대상이 속한 종)에 대해 이러저러하게 판단하면서, 거기에 구체적인 속성들을 부여하는 것으로 볼 수 있다.

사과의 새로운 속성을 발견한 과학자가 실험 보고서에 진짜 사과 A, B, C(자신이 설명하는 속성을 입증할 실험에 이용한 일련의 실제 대상들을 지칭)로 그런 속성들을 테스트했다고 명시한다면, 이 과학자는 대상을 지시하는 발화 행위를 했다고 할 수 있다. 하지만 과학계에서 이 주장을 받아들이자마자, 그 새로운 속성은 사과 일반의 것으로 부여되고 '사과'라는 단어가 지니는 내용의 한 부분으로 영원히 귀속된다.

우리는 사람에 대해 말할 때 대상 지시적 발화라는 행위를 한다. 하지만 현존하는 사람을 지시하는 것과 과거에 존재했던 사람을 언급하는 데는 차이가 있다. '나폴레옹'이라는 말의 내용에는 다른 여러 속성들 중에서도

1821년 5월 5일에 죽었다는 특징이 포함되어야 한다. 반면 '오바마'라는 말을 2010년에 사용할 때는 그 내용 중에 생존 인물이며 미국의 대통령이라는 특징이 반드시 들어 있어야 한다.[31]

살아 있는 사람을 지시할 때와 과거에 살았던 사람을 언급할 때의 차이점은 그림 2 및 그림 3과 같이 두 가지 다른 기호학 삼각형semiotic triangles으로 표현할 수 있다. 이 경우 오바마를 거론하며 'P'를 말하는 화자는, 청자가(원한다면) 물리적으로 존재하는 세계의 정확한 시공간적 위치 안에서 'P'의 진위를 확인하도록 만드는 것이다.[32] 반면 우리는 타임머신이 없는 이상 과거로 돌아가 나폴레옹이 정말로 아우스터리츠 전투에서 승리했는지 직접 보고 확인할 수 없다. 나폴레옹에 대해 서술할 때는 '나폴레옹'이라는 단어가 전달하는 속성을 주장할 수도 있고, 새로이 발견되어 지금까지의 믿음을 바꾸어놓는 문서를, 예컨대 나폴레옹의 사망일이 5월 5일이 아니라 5월 6일이었다고 알려주는 문서를 언급할 수도 있다. 그리고 과학계에서 그 문서가 PhEO라는 점을 입증하고 나서야 우리는 일반 백과사전을 수정할 수 있다. 즉, 기호 대상으

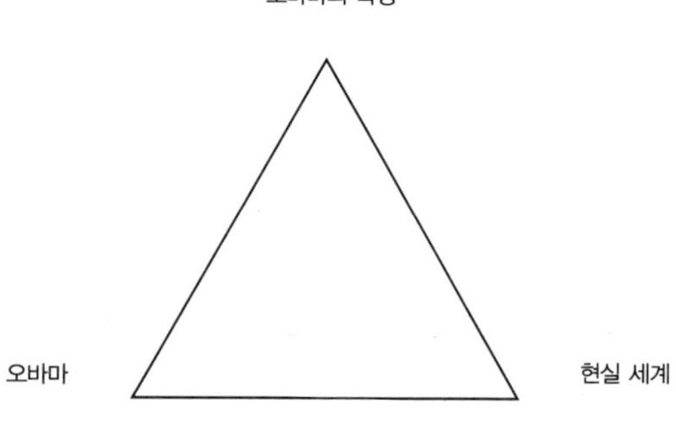

그림 2

로서 나폴레옹에 올바른 속성들을 부여할 수 있다.

나폴레옹은 전기 문학(혹은 역사소설)의 등장인물이 될 수도 있다. 이런 책들이 나폴레옹을 다시 한 번 그 시대에 살게 만들며 그의 행동이나 심지어 감정들까지 재구성하려 한다고 해보자. 이런 경우 나폴레옹은 허구적 등장인물과 매우 유사해진다. 우리는 나폴레옹이 실존했다는 걸 알면서도, 그의 삶을 관찰하고 또 그 삶에 참여하기 위해 마치 소설의 가능 세계를 보듯 그의 과거 세계를 상상하려고 한다.

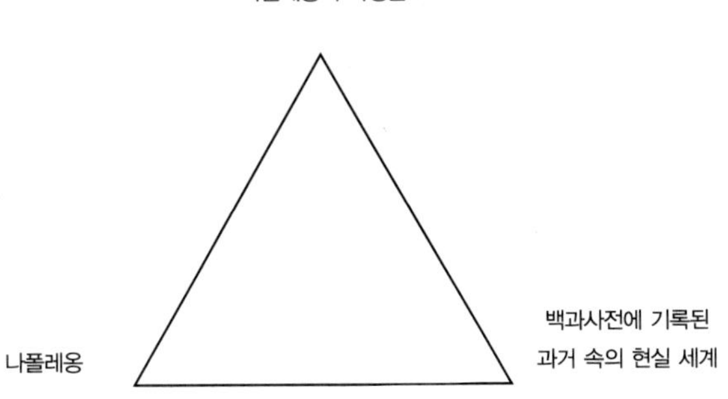

그림 3

허구적 등장인물의 경우라면 실제로 어떤 일이 일어날까? 사실 몇몇 인물들은 옛날 옛적에 살았던 사람처럼 소개되기도 한다(빨간 망토나 안나 카레니나처럼). 하지만 우리는 서사적 합의 덕에 독자가 내용을 사실로 받아들일 수밖에 없고, 마치 현실 세계인 것처럼 서사적 가능 세계 안에서 생활하는 척해야 한다는 점을 확인했다. 이야기 속 대상이 생존 인물로 나오든(예컨대 현재 로스앤젤레스에서 일하고 있는 탐정처럼), 혹은 죽은 사람으로 나오든 그것은 중요하지 않다. '현실 세계'에서 친척 한 명이 방금 사망했다는 소식을 들었을 때와 비슷한 상황이라고 보면 된다. 우리가 감정을 쏟는 대상은 우리의 경험 세계 안에 여전히 존재하는 사람들이라는 얘기이다.

의미론의 삼각형은 그림 4와 같은 형태를 띨 것이다. 이제 우리는 허구적 가능 세계의 인물에게, 마치 실존 인물에게 하듯 감정을 쏟게 되는 이유를 조금은 이해할 수 있다. 어느 정도나마 사랑하는 사람이 죽는 백일몽에 마음이 아픈 것과 같은 이유에서 일어나는 일이다. 백일몽일 경우 우리는 몽상 끝에 일상생활로 돌아와 아무 걱정도 할 필요가 없다는 사실을 깨닫는다. 하지만 끝나지 않는 백일몽이라면 어떻게 될까?

허구적 가능 세계의 인물들에게 영구히 감정을 쏟기 위해서는 두 가지 요구 조건에 충족해야 한다. (1)끝나지 않는 백일몽을 꾸듯 허구적 가능 세계 안에서 생활해야 한다. (2)자신이 그러한 등장인물들 중 한 명인 것처럼 행동해야 한다.

우리는 허구적 등장인물들이 서사적 가능 세계 안에서

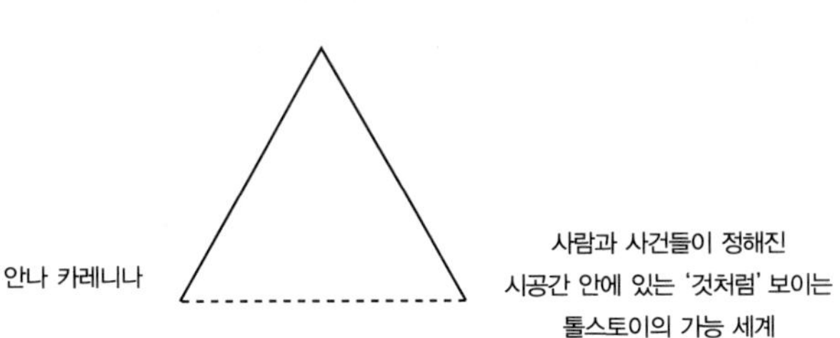

그림 4

태어나고, 변이적 실체가 될 경우 다른 내러티브에 등장하거나 변이적 작품에 소속되기도 한다고 추정했다. 또한 소설의 독자로서 자연스레 품는 암묵적 동의에 따라, 허구적 가능 세계를 진지하게 받아들이는 '척' 행동한다고도 추정했다. 이렇게 매혹적으로 마음을 사로잡는 서사 세계에 들어갈 때, 우리는 텍스트 전략에 따라 일종의 신비한 '황홀경'이나 환영 같은 것에 빠져들고, 가능 세계에 지나지 않는 곳에 들어섰다는 사실을 간단히 망각하기도 한다. 이런 일은 특히 원작이나 매혹적인 작품 속에 등장하는 인물을 만날 때 일어난다. 하지만 이 인물들은 변이를 겪으면서, 말하자면 우리 머릿속을 들락날락(알프레드 프루프록J. Alfred Prufrock의 세계에서 미켈란젤로Michelangelo에 대해 얘기하는 여인들처럼)하기 때문에, 언제든 최면을 걸듯 쉽게 우리의 마음을 사로잡고 자신들이 우리 같은 사람이라고 믿게 만든다.

두 번째 요구조건에 대해 말하자면, 가능 세계 안에서 마치 현실 세계인 양 살기 시작할 때 우리는 그 세계 안에 정식으로 속할 수 없다는 사실에 당황해하기도 한다. 가능 세계는 우리와 아무런 관계가 없다. 독자는 그 안에서 마치 쥘리엥 소렐의 사라진 탄환처럼 존재한다. 그러나 감정적으로 몰두하다 보면 다른 인물, 즉 소설 안에서 살 권리가 있는 인물의 성격을 취하게 된다. 이렇게 우리는 허구적 등장인물 중 한 명과 동일시한다.

사랑하는 사람이 죽는 악몽에서 깨어나면 우리는 상상했던 것들이 가짜라는 걸 깨닫고, '내가 사랑하는 사람은 건강히 살아 있다'는 주장을 사실로 받아들인다. 반대로 허구적 환영은 끝이 나도, 다시 말해서 폴 발레리Paul Valéry, 20세기 전반 프랑스의 시인, 비평가, 사상가.가 썼듯이 '바람이 분다, 살아야겠다le vent se lève, il faut tenter de vivre' 하며 허구적 등장인물인 척하기를 멈추어도, 우리는 안나 카레니나가 자살을 했고, 오이디푸스가 아버지를 죽였으며, 셜록 홈스가 베이커 가에 산다는 걸 여전히 사실로 수용한다.

아주 이상한 행동이라는 건 인정하지만 이런 일은 빈번히 일어난다. 우리는 눈물을 흘린 다음 톨스토이의 책을 덮고 현실로 돌아온다. 하지만 그래도 여전히 안나 카레니나는 자살했다고 생각하며, 그녀가 히스클리프와 결혼했다고 말하는 사람은 제정신이 아니라고 여긴다.

변이적 실체로서 우리 일생에 충직하게 동행하는 이 반려자들(문화적으로 변형되는 다른 기호 대상들과 달리)은[33] 결코 바뀌는 일 없이 작품 속 사건의 행위자로 영원히 남게 될 것이다. 그리고 그들 행위의 불변성 때문에, 우리는 그들이 특정한 속성들을 보유하고 특정한 방식으로 행동했다는 말이 참이라고 언제든 주장할 수 있다. 클라크 켄트는 지금도, 그리고 언제까지고 슈퍼맨인 것이다.

다른 기호 대상들

서로 다른 사람들이 같은 운명을 공유

할 수 있을까? 있다. 모든 신화의 영웅과 신들이 그렇다. 유니콘이나 요정 혹은 산타클로스 같은 전설적 존재들도 그렇다. 또한 세계의 다양한 종교에서 숭배하는 거의 모든 실체들이 그렇다. 분명히 무신론자에게는 어떤 종교적 실체도 허구일 뿐이지만, 유신론자에게는 인간의 의식이 접근할 수 없을 뿐 절대적으로 '실재'하는 '초자연적 대상supernatural objects, 신이나 천사 등.'들의 영적 세계가 존재한다. 이런 점에서 무신론자와 유신론자들은 서로 다른 두 가지 존재론에 의지한다. 하지만 로마 가톨릭 교도가 인격신personal God은 진실로 존재한다고 믿고 성령Holy Ghost은 그 신과 신의 아들을 통해 강림한다고 상정한다면, 이슬람교의 알라신이나 힌두교의 시바신, 혹은 아메리칸 원주민 부족이 믿는 대초원의 주신 등은 종교적 서사가 꾸며낸 단순한 허구로 봐야 한다.

마찬가지로 불교 신자에게 성서에 나오는 하느님은 허구적 개체이며, 알곤킨 족Algonquian의 기치 마니토Gitchi Manitou, 북아메리카 원주민의 혼령. 역시 이슬람교도나 기독교도에게는 허구적 존재이다. 특정 신앙을 가진 유신론자들에게, 다른 종교들의 모든 종교적 실체들, 다시 말해서 그러한 실체들의 압도적 절대다수는 허구적 개체이다. 이처럼 우리는 모든 종교적 실체의 약 90퍼센트 정도를 허구로 간주한다.

종교적 실체를 가리키는 용어에는 이중의 의미론적 대상 지시dual semantic reference가 있다. 회의론자, 즉 무신론자들에게 예수 그리스도는 첫 번째 밀레니엄이 시작될 때 30년 동안 존재했던 PhEO였다. 독실한 기독교인들에게도 예수 그리스도는 비물질적인 방식으로 (대중적인 상상력에 의하면 하늘나라에) 계속 존속하는 대상이다.[34]

이중의 의미론적 대상 지시의 사례는 많다. 하지만 평범한 사람들의 충실한 믿음을 확인해주는 예를 들라 하면, 셜록 홈스가 실존 인물이었다고 믿는(앞서 말했듯이) 일부 영국인들이 있다. 마찬가지로, 많은 기독교 시인들은 시 첫머리에 뮤즈Muse, 그리스 신화 속 학예의 여신.나 아폴로Apollo, 그리스 신화의 아폴론에 해당하는 로마 신화의 신.를 들먹이는 것으로 유명했다. 이들이 단지 문학적 토포스를 이용한 것인지, 아니면 올림포스 산의 신들을 어떤 식으로든 진지하게 받아들였던 것인지는 알 수 없다. 많은 문화적 인물들은 기록 서사의 주인공이 됐고, 이와 대칭을 이루며 통속적 서사 속의 많은 주인공들은 신화적 이야기에 나오는 인물들과 몹시 흡사해졌다. 전설적인 영웅과 신화 속의 신, 문학적 등장인물, 그리고 종교적 실체들 사이의 경계는 보통 불분명하다.

허구적 등장인물이 지닌 윤리적인 힘

앞에서 우리는 문화적으로 변형되고 어쩌면 수학적 실체들에나 가까울 다른 기호 대상들과 달리, 허구적 등장인물들은 절대로 바뀌지 않고 영원히 작품 속 행동의 행위자로 남을 거라고 말했다. 특히 윤리적 관점에서 허구적 등장인물들이 우리에게 중요한 이유도 여기에 있다.

소포클레스의 〈오이디푸스 왕Oedipus Rex〉이라는 연극을 관람하고 있다고 해보자. 사람들은 오이디푸스가 아버지를 만나 살해하는 길 대신 다른 길을 선택하기를 간절히 바란다. 우리는 왜 그가 아테네가 아닌 테베로 들어가게 되었는지 궁금하다. 아테네로 갔다면 프리네Phryne나 아스파시아Aspasia와 결혼할 수도 있었을 텐데 말이다. 마찬가지로 우리는 『햄릿』을 읽으면서 왜 그런 멋진 청년이 악당인 숙부를 죽이고 어머니를 덴마크에서 조용히 추방한 후 오필리어와 결혼하여 행복하게 살 수 없었는지 궁금해한다. 히스클리프는 왜 굴욕 앞에서 조금 더 용기를 내고 기다려 캐서린과 결혼하고 훌륭한 시골의 신사로 살 수 없었을까? 왜 안드레이 공작은 위중한 병세를 극복하고 나타샤와 결혼하지 못했을까? 왜 라스콜리니코프는 학업을 마치고 존경받는 교수가 되는 대신 병적인 사색에 빠져 노파를 살해했을까? 왜 그레고르 잠자가 가련한 벌레로 변신했을 때 아름다운 공주가 나타나 키스를 하고 그를 프라하에서 가장 멋진 남자로 탈바꿈시켜 주지 않았을까? 왜 로버트 조던은 황폐한 스페인 언덕에서 파시스트 반란군을 무찌르고 연인인 마리아와 다시 만날 수 없었을까?

원론적으로 우리는 이런 일들을 전부 실현시킬 수 있다. 오이디푸스 신화와 『햄릿』, 『폭풍의 언덕』, 『전쟁과 평화』, 『죄와 벌』, 『변신』, 그리고 『누구를 위하여 종은 울리나』를 다시 쓰기만 하면 된다. 하지만 정말 그렇게 하고 싶은가?

우리의 바람과는 달리 햄릿과 로버트 조던, 그리고 안드레이 공작은 죽는다. 독자가 책을 읽으면서 무엇을 갈망하건, 혹은 무엇을 희망하건 상관없이, 그 일은 어떻게든 일어나고 영원히 바뀌지 않는다. 그리고 이런 사실을 깨닫는 엄청나게 충격적인 경험 때문에 우리는 운명의 손길을 느끼며 전율한다. 우리는 에이햅이 흰 고래를 잡을 수 있을지 알 수 없다는 사실을 깨닫는다. 『모비딕Moby-Dick』의 진짜 교훈은 고래는 어디든 원하는 곳으로 간다는 것이다. 위대한 비극이 거부할 수 없는 매력을 갖는 이유는 주인공들이 극악한 운명에서 도망치는 대신, 제 손으로 팠던 수렁의 깊은 심연 속으로 뛰어들기 때문이다. 그들이 그런 선택을 하는 이유는 자기 앞에 놓인 운명을 모르기 때문이다. 그리고 그들이 그토록 맹목적으로 달려간 곳에 어떤 운명이 기다리고 있는지, 우리는 또렷이 볼 수 있지만 그들을 막지 못한다. 우리는 오이디푸스의 세계에 인지적으로 접근할 수 있고, 오이디푸스와 이오카스테Iocaste, 오이디푸스의 어머니이자 아내.에 관한 모든 사정을 알고 있다.

하지만 그들은 이렇듯 현실 세계에 기생하고 있으면서

도 우리에 대해 아무것도 모른다. 허구적 등장인물들은 현실 세계의 사람들과 소통하지 못한다.[35]

이런 문제는 엉뚱해 보이지만 그렇지 않다. 진지하게 생각해보자. 오이디푸스는 소포클레스의 세계를 상상할 수 없다. 상상할 수 있다면 어머니와 결혼하는 일은 없었을 것이다.

허구적 등장인물들은 불완전한 세계, 혹은 좀 더 불손하게 말해서 '불구'의 세계 안에 산다.

하지만 그들의 운명을 정확히 이해하면서, 우리는 현실 세계에 살고 있는 사람으로서 자신도 빈번히 이러한 운명에 직면하고 있는 건 아닌지 의심하기 시작한다. 허구적 등장인물들이 그들의 세계를 생각하는 것처럼 우리도 우리가 사는 세계를 생각하기 때문이다. 소설은 우리의 실질적 세계관이 허구적 등장인물들의 세계관만큼 불완전할지도 모른다고 암시한다. 바로 이 때문에 유명한 '허구적' 등장인물들은 '사실적' 인간 조건의 최고의 본보기가 되는 것이다.

Ⅳ. 궁극의 리스트

진짜 좋은 책은 두 번, 세 번 읽어도 새로운 해석을 줄 수 있는 책이다.

나는 가톨릭 교육을 받았다. 그래서 호칭 기도를 암송하거나 듣는 데 익숙하다. 호칭 기도는 본래 반복된다. 대개 호칭 기도는 찬사를 늘어놓는 문구들의 목록이다. 성모 호칭 기도도 그렇다. '성모 마리아'나 '천주의 성모', '지극히 거룩하신 동정녀', '그리스도의 어머니', '천상 은총의 어머니', 혹은 '티 없으신 어머니' 등등.

호칭 기도는 전화번호부나 상품 카탈로그처럼 일종의 목록이다. 한마디로 '열거'의 사례다. 아마도 처음 소설의 서술자로 뛰어들었던 시기에 나는 내가 목록을 얼마나 좋아하는지 몰랐던 것 같다. 소설 다섯 권과 기타 문학 관련 저서들 몇 권을 출판한 지금, 나는 완벽한 목록을 작성하기에 적절한 위치에 있다고 생각한다. 하지만 그런 모험을 하는 데는 너무 오랜 시간이 걸릴 것이기에, 여기서는 내가 열거했던 목록 일부를 인용하고, (겸손의 증거로) 그 인용을 세계 문학사의 가장 위대한 작품들의 목록과 비교하는 것으로 갈무리하고자 한다.

실용적 목록과 시적 목록

우선 '실용적' 목록은 '문학적' 목록이나 '시적' 목록, 혹은 '미학적' 목록과 분명히 구별해야 한다. 그중에서도 '미학적' 목록은 '문학적'이거나 '시적'인 목록보다 더 포괄적이다. 그 안에는 언어적 목록뿐만 아니라 시각적, 음악적, 행위적 목록들도 포함되기 때문이다.[1]

실용적 목록에는 쇼핑 목록이나 도서 목록, 어떤 장소 안의 물건 목록(예컨대 사무실이나 기록 보관소, 미술관 등), 혹은 음식점 메뉴 등이 있다. 언어의 어휘 목록으로 모든 단어를 기록해놓은 사전도 여기에 해당된다.

이 목록들은 순수하게 참고 기능만 지니는데, 그 항목들이 어떤 대상을 지정하고 있기 때문이다. 이러한 대상이 존재하지 않을 경우 그 목록은 그저 거짓 문서가 된다. 말 그대로 존재하는 것, 그러니까 어딘가에 물리적으로 실재하는 것을 기록하는 것이기에 실용적 목록은 '유한'하다. 이런 이유로 실용적 목록은 변하지 않을 가능성이 높다. 미술관에서 소장하지 않은 그림을 도판 목록에 포함시키는 건 무의미하기 때문이다.

반면에 시적 목록은 '열려 있다'. 어떻게 보면 끝에 '기타 등등'을 내포하고 있다. 시적 목록은 두 가지 이유로 사람과 대상, 사건의 무한성을 안고 있다. 첫째, 작가가 대상의 양이 너무 방대하여 기록할 수 없다고 자각하기 때문이다. 둘째, 끊임없는 열거를 통해 즐거움(때로는 순수한 청각적 즐거움)을 얻기 때문이다.[2]

그 나름대로 실용적 목록은 하나의 형태를 띤다. 목록은 한 무리의 대상에 통일성을 부여하고, 이 대상들은 서로 얼마나 상이하든 하나의 '맥락적 압력contextual pressure' 하에 귀속되기 때문이다. 즉 이 대상들이 연관을 맺는 까닭은 단순히 그것들이 동일한 공간 안에 있거나, 특정한 계획을 성립시키고자 하는 목표(예컨대 파티에 초대할 손님 목록)를 구성하기 때문이다. 실용적 목록은, 목록을 정의하는 조합의 기준만 확인할 수 있으면 전혀 이상할 게 없다. 손튼 와일더Thornton Wilder, 미국 소설가 겸 극작가.의 소설 『산 루이스 레이의 다리The Bridge of San Luis Rey』에는 한 무리의 사람들이 나오는데, 이들은 다리가 붕괴되는 바로 그 순간에 그 위를 건너고 있었다는 '우연적 사실accidental fact'을 제외하곤 아무런 공통점이 없다.

실용적 목록에 적절한 사례로는, 모차르트의 오페라 〈돈 조반니Don Giovanni〉에서 레포렐로Leporello가 든 유명한 열거가 있다. 돈 조반니는 엄청난 수의 시골 여자들과 하녀, 마을 아가씨, 백작부인, 남작부인, 후작부인 그리고 공주 등, 신분과 외모와 나이를 막론한 모든 여성들을 유혹했다. 그의 하인 레포렐로는 꼼꼼한 경리처럼 수학적으로 완벽한 목록을 작성한다.

이탈리아에서 640명
독일에서 231명
프랑스에서 100명

터키에서 91명
그런데 스페인에서만 벌써 1,003명

더도, 덜도 말고 총합이 2,065명이다. 만약 돈 조반니가 다음날 돈나 안나나 체를리나를 유혹했다면 새로운 목록이 한 줄 늘어났을 것이다. 사람들이 실용적 목록을 만드는 이유는 명백하다. 그렇다면 시적 목록을 만드는 이유는 무엇일까?

열거의 수사학

앞서 말한 것처럼, 작가가 목록을 작성하는 경우는 자신이 다루는 한 집단의 항목들이 너무 방대하여 완전히 통달하기 어려울 때나, 일련의 대상들을 지명하는 단어들의 소리에 매혹될 때이다. 후자의 경우, '지시물' 및 '시니피에'와 관련된 목록에서 '시니피앙'과 관련된 목록으로 옮아간다.

마태오가 예수의 족보를 열거하는 복음서의 첫머리를 생각해보자. 우리는 이들이 모두 역사적으로 존재했던 선조라고는 믿지 않지만, 확실히 마태오(혹은 그의 대리자)는 자신의 신앙 세계에 '실존' 인물을 끼워 넣어 그 목록에 실용적 가치와 참고 기능을 부여하고 싶어 했다. 이에 비해 성모 마리아 호칭 기도(성서 구절이나 전통적인, 혹은 통속적인 예배에서 차용한 목록)는 불교의 '옴마니반메훔' 같은 주문처럼 암송했을 것이다. '동정녀'가 '전지전능'한지 '은총이 가득'한지는 별로 중요치 않다(어떤 경우든, 제2차 바티칸 공의회 전까지 호칭 기도는 라틴어로 암송되었는데, 기도를 암송하는 독실한 신자들의 다수는 라틴어를 이해하지 못했다). 중요한 것은 우리가 최면을 거는 듯한 운율에 빨려 들어간다는 점이다. 성인 호칭 기도에서처럼 문제는 어떤 이름들이 실제로 존재하는가 아닌가가 아니라, 그 이름들이 충분한 시간 동안 일정한 율격으로 발음된다는 사실이다.

고대 수사학자들이 주로 분석하고 정의했던 것은 후자와 같이 동기를 유발하는 요소였다. 이들 학자들은 대개 반복에 대한 순수한 애정을 갖고, 무궁무진한 양을 암시하는 목록보다는 여러 속성들을 집합적 방식으로 사물에 귀속시키는 목록의 사례들을 검토했다.

다양한 형태의 목록들은 일반적으로 '축적accumulation'으로 구성된다. 즉, 동일한 개념 영역에 속한 언어적 용어들이 연속적으로 이어지고 병치되어 만들어진다. 그러한 축적의 한 형태로 볼 수 있는 '열거enumeratio'는 중세 문학에 흔히 등장한다. 이따금 이런 중세 문학에서 목록의 용어들은 일관성과 동질성이 없는 것처럼 보이기도 한다. 그 목록의 목적이 신의 특성들을 규정하는 것이었고, 아레오파고스의 위僞, 가짜 디오니시오스Pseudo-Dionysius the Areopagite, 기독교 신비주의 신학자. 원래 아레오파고스의 디오니시오스는 「사도행전」에 등장하는 인물인데, 서기 500년경에 이 사람의 이름을 필명으로 한 문서들이 발견되면서 위와 같은 이름을 얻었다.에 따르면, 신은 서로 다른 심상들을 통해서만 묘사될 수 있기 때문이다. 이런 이유로 5세기에 파비아의 주교 엔노디우스Ennodius는 그리스도를 '근원이자 길이요, 권리, 바위이자 사자, 빛을 지닌 자, 양이시며, 문이자 희망이요, 미덕이며, 말씀이며, 지혜요, 예언자이시며, 제물, 어린 가지, 목자, 산 그물, 비둘기이시며, 불꽃, 거인, 독수리, 배우자, 인내, 벌레요'라고 열거했다.[3] 이 목록은 성모 호칭 기도처럼 '찬양'이나 '찬미'를 목적으로 칭송된다.

축적의 또 다른 형태는 '콘저리스congeries'이다. 이것은 똑같은 의미를 무수한 방식으로 재생하는 단어나 구절을 나열하는 것으로 키케로가 카틸리나Catiline, 고대 로마 공화정 말기의 정치가.를 반박하는 연설문에 등장하는 '웅변 속에서 부연 설명하기oratorical amplification'의 원리와 같다. 키케로가 B.C. 63년에 로마 원로원 회의에서 발표한 첫 번째 연설문은 다음과 같이 전개된다.

카틸리나여, 그대는 얼마나 우리의 인내력을 시험할 것인가? 얼마나 더 그대의 광기로 우리를 조롱할 것인가? 그대의 방종한 뻔뻔함은 언제가 돼야 끝날 것인가? 팔라티나 언덕의 야경꾼들도, 도시를 지키는 파수병들도, 백성들과 이들을 돕기 위해 연합한 선량한 시민들의 공포도, 여기 가장 안전한 곳에서 원로원 집회를 열어야 하는 사정도, 여기 이곳 이 숭엄한 이들의 얼굴과 표정들에도 그대는 아무렇지도 않단 말인가? 그대의 계획이 발각되었음을 깨닫지 못한단 말인가? 여기 이 모든 이들이 알아버려 그대의 음모가 가로막히고 힘을 잃었음을 보지 못하는가?[4]

이와는 형태가 약간 다른 '점증법incrementum'은 '클라이맥스climax', 또는 '그라다티오gradatio'라고도 한다. 똑같은 개념적 영역 안에 있지만, 점점 더 커지거나 더 강해지는 의미를 담는 방법이다. 카틸리나에 반박하는 키케로의 첫 번째 연설은 점증법의 예로도 볼 수 있다.

> 그대는 이제 할 수 있는 일이 없고, 음모를 꾀할 수도 없으며, 상상할 수도 없다. 내가 그것을 알게 될 것이며, 설사 알지 못한다고 해도 속속들이 간파할 것이며, 느낄 것이기 때문이다.[5]

고전 수사학은 '아나포라anaphora'에 의한 열거와 '접속어 생략법asyndeton'이나 '접속어 다용법polysyndeton'에 의한 열거도 보여준다. 아나포라는 모든 구절의 도입부나 시의 경우 모든 행의 첫머리에서 같은 단어를 반복하는 방법이다. 이 방법을 이용하여 만들 수 있는 것이 목록만은 아니다. 비스와바 심보르스카Wisława Szymborska, 1996년에 노벨 문학상을 수상한 폴란드의 시인.의 시 「선택의 가능성Possibilities」을 읽으면 아나포라의 아름다운 예를 볼 수 있다.

나는 영화를 더 좋아한다.

나는 고양이를 더 좋아한다.

나는 바르타 강가의 떡갈나무를 더 좋아한다.

나는 도스토예프스키보다 디킨스를 더 좋아한다.

나는 인간을 좋아하는 자신보다 인간다움 그 자체를 사랑하는 나 자신을 더 좋아한다.

나는 실이 꿰어진 바늘을 더 좋아한다.

나는 초록색을 더 좋아한다.

시는 이런 식으로 26행이 더 이어진다.[6]

접속어 생략법은 접속어 없이 일련의 요소들을 연결하는 수사적 전략이다. 좋은 예로 아리오스토Ariosto, 르네상스 후기의 이탈리아 시인.의 서사시 「광란의 오를란도Orlando Furioso」는 이렇게 시작된다.

나는 노래하네, 숙녀들을, 기사들을, 무기들을, 사랑들을 정중함들을, 용감한 행위들을[7]

접속어 생략법의 반대는 접속어 다용법이다. 접속어

다용법은 모든 요소들을 접속사로 연결하는 것이다. 밀턴John Milton, 셰익스피어에 버금가는 대시인으로 평가되는 영국 시인.의 『실낙원Paradise Lost』 2권에는 949줄이 접속어 생략법으로 묘사되고, 그다음 줄이 접속어 다용법으로 서술된다.

머리로, 손으로, 날개로, 발로 그의 길을 헤쳐 나가고
헤엄치거나 가라앉거나 건너거나 기거나 날거나 한다.

하지만 전통적인 수사학에서는 어지러울 정도의 탐욕이 엿보이는 목록에 대해서는 아무런 구체적인 정의도 내리지 않는다. 특히 이탈로 칼비노Italo Calvino, 이탈리아의 소설가. 공상소설의 새로운 분야를 개척했다.의 소설 『존재하지 않는 기사The Nonexistent Knight』에 나오는 다음의 짧은 단락에서처럼, 분류한 사물을 길게 열거하는 목록에서도 그렇다.

당신은 동정해야 해요. 우리는 시골 소녀들이니까요……. 종교 예배, 3일 묵도, 9일 기도, 밭일, 탈곡, 포도 수확, 하인들의 채찍질, 근친상간, 불, 교수형, 침략군, 약탈, 강간, 역병을 제외하고는 아무것도 보지 못했답니다.[8]

중세 미학을 주제로 박사 논문을 쓸 때, 나는 중세의 시들을 많이 읽으며 그 시대가 얼마나 열거를 사랑했는지 알게 됐다. 예를 들어 나르본이라는 도시를 찬미한 5세기의 인물 시도니우스 아폴리나리스Sidonius Apollinaris, 로마 말기의 성직자이자 정치가이며 문인. 황제를 위한 축시를 바쳤다.의 시를 보자.

안녕! 나르보여, 힘차고 강건하도다.
도회지와 시골의 풍광도 모두 훌륭하구나.
성벽도, 시민들도, 성곽 주변 공터도, 집들도
성문도, 회랑回廊도, 광장도, 원형극장도
신전도, 공공건물도, 화폐주조창도
목욕장도, 개선문도, 곡식창고도, 도축장도
목초지도, 온천도, 섬들도, 소금밭도
호수도, 강물도, 시장도, 다리도, 바다도.
나르보, 너만이 신들을 올바로 경배할 수 있도다.
레나에우스(술의 신)를, 케레스(대지의 신)를, 팔레스(목동의 신)를, 미네르바(지혜의 신)를.
신들께서 이삭들과, 어린 포도나무와, 목초지와, 올리브를 주셨으니.[9]

이런 목록을 감상하기 위해 라틴어를 배울 필요는 없다. 중요한 것은 집요한 열거이다. 목록의 주제(위의 경우에는 도시의 건축 요소들)는 중요치 않다. 좋은 목록이 갖는 단 하나의 진정한 목적은 무한의 관념과 '기타 등등'의 현기증을 전달하는 것이다.

나이를 먹고 배움을 넓혀가면서 나는 라블레François Rabelais, 몽테뉴와 함께 16세기 프랑스 르네상스 문학의 대표적 작가이다. 영국의 셰익스피어, 스페인의 세르반테스에 비견된다.의 목록과 조이스의 목록을 알게 됐다. 이 두 작가의 방대한 작품들에서 목록이 차지하는 비중은 어마어마하다. 하지만 내가 작가로서 성장하는 데 결정적인 역할을 했던 이 모델들을 피해갈 수 없으므로, 두 단락 정도만 인용해보자. 첫 번째 인용은 라블레의 『가르강튀아Gargantua』이다.

> 네 장 플러시, 다른 무늬 카드 모으기, 패 따오기, 빼앗아 먹기, 패 버리기, 피카르디 놀이, 100점 내기, 피아노, 불쌍한 년 만들기, 패 맞추기, 10점 넘기기, 31점 내기, 짝패와 연속패 맞추기, 300점 내기, 빈털터리 만들기, 운수 보기, 카드 뒤집기, 불평분자, 용병 도박, 오쟁이를 진 서방, 패

가진 사람이 밝히기, 몽땅 따먹기, 왕과 여왕 짝짓기, 같은 패 세 장 모으기, 여론몰이, 몰아주기, 연속패 맞추기, 카드 뒤집기, 타로, 지는 쪽이 이기기, 속여 뺏기, 고문하기, 팽이 돌리기, 주사위 놀이, 으뜸패 모으기, 손가락 수 알아맞히기, 체스, 여우 닭 잡아먹기, 십자 장기, 목말 타기, 제비뽑기, 운수 점치기, 세 주사위 놀이, 놀이판을 사용하는 주사위 놀이, 주사위 이김수 굴리기, 유리한 판 이끌기, 청개구리 놀이, 이탈리아식 주사위 놀이, 네 팀 주사위 놀이, 주사위판 놀이, 시종들의 주사위 놀이, 도형수, 체커 놀이, 패가망신 놀이, 첫째·둘째 놀이, 꽂은 칼 가까이 동전 던지기, 판 가까이 열쇠 던지기, 사각판 가까이 동전 던지기, 홀짝·앞뒤 정하기, 골패 놀이, 노르망디식 골패 놀이, 구슬치기, 감춘 실내화 찾기, 부엉이 놀이, 귀여운 산토끼 놀이, 줄다리기, 공놀이, 까치놀이, 소뿔 놀이, 사육제의 황소, 올빼미 소리 내기, 시침 떼고 꼬집기, 부리로 쪼아 내쫓기, 당나귀 편자 떼기, 양 몰고 장에 가기, 숨바꼭질, 나는 앉았다 놀이, 바보에게 똥가루 던지기, 반장화, 꼬챙이 뽑기, 말썽꾼 내몰기 놀이, 친구여 자루 좀 빌려주게 놀이, 숫양 불알 놀이, 밀어내기, 마르세유의 무화과 놀이, 곡식단 돌기, 활

쏘기, 여우 껍질 벗기기, 썰매 끌기, 다리 걸어 넘어뜨리기, 귀리 팔기, 석탄 조각 불기, 새 짝 찾기, 산 재판관과 죽은 재판관, 불에서 쇠 꺼내기, 가짜 어릿광대, 양 뼈 갖고 놀기, 따리꾼 꼽추, 상자 찾기, 귀 꼬집기, 배나무, 엉덩이 걷어차기, 삼단뛰기, 원 안에서 뛰기, 지팡이로 공을 구멍에 넣기, 둘이 머리와 다시 거꾸로 맞대기, 벽돌 쌓기, 막대기 놀이, 쇠고리 던지기, 실꾸리 놀이, 콧김으로 촛불 끄기, 구주희, 잔디 볼링, 납작한 나무공 놀이, 깃털 달린 나무공 놀이, 로마로 가는 자치기, 똥 던지기, 장난꾸러기 천사, 영국식 공놀이, 깃털 달린 공치기, 동 짚고 넘기, 항아리 깨기, 소원 빌기, 바람개비, 무너지지 않게 꼬챙이 뽑기, 짧은 몽둥이 당기기, 원 그리며 돌기, 술래 눈 가리기, 물뚝 놀이, 술래 뽑기, 괴 찾기, 상대 구슬 몰고 가기, 호두집 무너뜨리기, 돌 튀기기, 구멍에 구슬 넣기, 팽이 돌리기, 앙주식 팽이치기, 수도사 놀이, 천둥 놀이, 깜짝 놀라게 하기, 브르타뉴식 하키, 왔다 갔다 하기, 볼기 치기, 빗자루 타기, 성 코스마 경배, 쇠똥구리, 나뭇잎으로 몸 가리고 습격하기, 사순절이여 안녕 놀이, 다리 벌리고 거꾸로 서기, 말타기, 늑대 꼬리를 둘이 거꾸로 잡고 언덕 구르기, 기유맹이여 창을 다오 놀이, 그네 타기, 옥수수 단에 숨기, 작은 공 놀이, 파리 때리기, 황소 술래잡기, 옆 사람에게 말 전달하기, 아홉 개의 손 놀이, 미친 놈 술래잡기, 다리 쓰러뜨리기, 고삐 매인 콜랭 놀이, 갈까마귀 놀이, 깃털 달린 공치기, 술래잡기, 지팡이 치기, 스파이 놀이, 두꺼비 놀이, 크리켓, 절굿공이 놀이, 손잡이로 줄 달린 나무공 받기, 여왕 놀이, 몸짓 수수께끼, 둘이 머리와 다리 사이에 물건 숨기기, 백포도주 놀이, 고약한 죽음, 콧잔등 손톱으로 튀기기, 아줌마 모자 빨기, 둘이 손잡고 제치기, 귀리 심기, 식충이, 둘이 마주 잡고 바퀴 만들기, 탈락시키기, 재주넘기, 시소, 농부 놀이, 올빼미 흉내 내기, 박치기 시합, 죽은 짐승 업고 가기, 주먹으로 사닥다리 만들기, 돼지 잡기, 짠 엉덩이, 비둘기가 난다 놀이, 몰래 숨기, 불붙은 나뭇단 뛰어넘기 놀이, 보병 놀이, 훼방 놓기, 오래 숨기, 엉덩이에 매달린 동전 주머니, 큰 매 둥지, 선회탑, 엿 먹이기, 입으로 방귀 소리 내기, 겨자 찧기, 다리 흔들기, 원래대로 되돌아가기, 화살촉 던지기, 등 짚고 뛰어넘기, 갈까마귀, 두루미, 칼로 베기, 콧등 튀기기, 종달새, 손가락으로 튀기기…….[10]

이 놀이 목록은 몇 페이지를 차지한다. 두 번째 인용은 조이스의 『율리시스』에서 발췌한 것이며, 17장(100여 쪽이 더 되는)의 극히 일부에 불과하다. 목록은 블룸이 부엌 찬장에서 발견한 몇 가지 항목들을 열거한다.

> 자물쇠로 서랍을 열자 맨 처음으로 무엇이 발견되었을까? 밀리(밀리센트) 블룸의 소유물인, 비어 포스터의 습자책 한 권, 그중 몇 페이지에 '아빠'라는 제목이 붙은, 도식화로서, 다섯 개의 머리카락이 쭈뼛 서 있는 커다란 공 모양의 머리. 두 개의 눈이 달린 얼굴 옆모습. 커다란 단추 세 개가 달린 정면을 향한 몸집. ……(중략)…… N. IGS/WI. UU. OX/W. OKS. MH/Y. IM이 찍힌 전기 세 통의 편지에 서로 글자를 바꿔 쓴 발신인의 이름과 주소, 여학교의 체형이란 제목이 붙은 어떤 영국 주간지(〈모던소사이어티Modern Society〉)에서 오려낸 한 조각의 인쇄물, 1899년 부활제의 장식 계란에 감았던 핑크색 리본이 한 개, 런던 시, 서부 중앙 우체국 차링 크로스, 우체국 사서함 32호에서 우송 매입한 예비 호주머니가 달린, 일부분 풀려 있는 고무 피임기구 두 개, 크림색 투명한 봉투 한 다스 및 벌써 세 장으로 줄어

> 든, 내비치는 줄무늬가 든, 편지지가 한 뭉치, 골고루 갖춘 오스트리아와 헝가리의 화폐 몇 장, 헝가리 왕실 특허 제비뽑기 쿠폰 두 장, 저배율 확대경이 한 개…….[11]

이런 영향을 받아, 그리고 라블레식 축적이 좋아서, 1960년대 초에 나는 아들(당시 한 살이었다)에게 편지를 쓰며, 되도록 빨리 너에게 많고 많은 장난감 무기를 사주고 싶고, 그건 네가 자라서 확고한 평화주의자가 되기를 바라기 때문이라고 적었다. 다음은 그때 내가 적었던 무기들이다.

> 나는 아마 너에게 총기류를 선물할 거다. 쌍발총, 연발총, 기관단총, 대포, 바주카포, 기병대 검, 전투 준비를 갖춘 장난감 병정 부대, 도개교가 달린 성들, 포위 공격할 요새, 포대, 화약고, 전함, 제트기, 기관총, 단검, 연발 권총, 콜트 권총, 윈체스터 연발총, 라이플총, 샤스포 총, 91식 소총, 거랜드 소총, 곡사포, 컬버린 대포, 새총, 활, 투석기, 석궁, 납 탄환, 수류탄, 검, 작살, 미늘창, 선박용 쇠갈고리 같은 것들 말이다. 그리고 여덟 개가 한 세트로 된 플린트 선장

배의 선원들(롱 존 실버와 벤 건을 기념하기 위한 것이란다), 돈 바레호가 좋아했던 검, 권총 세 자루의 공격을 막아내고 몽텔리마르 후작을 때려눕힌 톨레도의 검, 혹은 시고냑 남작이 사랑하는 이사벨을 납치해 가려고 했던 최고의 허세가를 즉사시킨 나폴리인의 검, 그리고 도끼, 날이 납작하고 삼각형인 검, 중세의 단검, 두 날 달린 말레이시아 검, 아라비아의 언월도와 중세 때 사용하던 창, 존 캐러딘이 세 번째 철로에서 감전사했을 때 손에 들고 있던 것 같은 칼날이 꽂힌 장대. 그런 무기에 대해 기억하지 못하는 사람이 있다면 그건 그에게 불행한 일이 되겠지. 또 카르모와 밴 스틸러를 하얗게 질리게 만든 해적들의 칼, 제임스 브룩 경이 한 번도 가져본 적이 없는 아라베스크 장식이 된 권총들(만약 그가 이 총을 가지고 있었다면, 빈정거리듯 담배를 한없이 피워대던 포르투갈인에게 패하지 않았을 거야), 그리고 평화롭게 날이 저물어가던 클리냥쿠르에서 윌리엄 경의 제자가, 낡고 더러운 모친 피파트를 살해한, 자객 잠파를 죽일 때 사용했던 삼각 칼날의 단검, 납으로 만든 빗으로 오랫동안 정성스럽게 꾸며 멋들어진 구릿빛 수염이 매력적인 보포르 공작이 말을 타고 도망가면서 마자랭 추기경이 분노

할 모습을 미리 상상해보며 간수 라 라메의 입에 처넣은 고통스런 재갈, 구장蒟醬 후추를 먹어 벌겋게 물든 이로 쏘아야 하는 못이 박힌 총구, 윤기가 나는 수염에 발놀림이 신경질적인 아라비아 해적들에게 겨누어야 할 자개 장식의 개머리판이 달린 총들, 노팅엄 보좌관의 안색을 변하게 만든 쏜살같이 날아가는 화살들, 미네하하 또는 위네토가 가지고 있던 것과 같은 두피를 벗기는 칼, 점잖은 도둑을 잡을 때 쓰는 작고 납작한 권총들, 너무나 육중해 주머니를 묵직하게 만들거나 겨드랑이를 두둑하게 만드는 자동 권총 루거를 선물할 거란다. 아직도 더 많은 권총들이 있지. 링고, 와일드 빌 히치콕이 쓰던 총까지 말이다. 간단히 말해 무기가, 수많은 무기가 있는 거지. 이게 앞으로의 크리스마스 때마다 네가 받을 선물이란다.[12]

『장미의 이름』을 쓰기 시작할 무렵, 나는 고대 연대기에서 가지각색의 유랑자들과 도적들, 그리고 배회하는 이단자들의 이름을 빌려와 14세기 이탈리아에 만연했던 엄청난 사회적, 종교적 혼돈을 표현하고 싶었다. 이렇게 비정상적이고 뒤죽박죽인 사람들로 목록을 가득 채운 데에는 그럴 만한 이유가 있었지만, 명백한 것은 내가 이런 잡동사니를 팽창시키는 데 흠뻑 취해 있었고, 그러한 탐닉은 '바람의 소리flatus vocis', 즉 소리가 주는 순수한 즐거움에 대한 애정에서 비롯되었다는 것이다.

> (……) 살바토레는 여러 지방을 두루 돌아다녔다. 그는 고향 몽페라트에서 리구리아로, 리구리아에서 북부 프로방스로, 다시 프랑스 왕의 영토 이곳저곳을 돌아다녔다.
>
> 살바토레는 세상을 여행하며 구걸과 좀도둑질, 아픈 척 속임수를 쓰기도 하고, 영주의 하인으로 일하다가 다시 길을 떠났다고 한다. 그의 이야기를 들으면서, 그때 유럽 전역에서 흔히 볼 수 있던 부랑자 패거리와 그런 패거리의 일원이 되어 있는 그의 모습을 상상하기는 어렵지 않았다. 당시 유럽의 부랑자 무리의 구성원들은 복잡하기 그지없었다. 가짜 수도사, 야바위꾼, 협잡꾼, 사기꾼, 떠돌이, 남루 걸객, 문둥이나 절름발이, 혹세무민을 일삼는 기인들, 행려병자, 이교도들의 나라에서 상처만 안고 도망쳐 나온 떠돌이 유대인, 정신이상자, 박해에 쫓기는 망명자, 한쪽 귀가 잘린 전과자, 남색꾼…… 그뿐만이 아니었다. 여기에 행상 장

인, 직공, 땜장이, 의자 수리공, 칼갈이, 바구니, 장수, 석공, 태형 맞고 나온 각설이, 쇠 벼리는 사람, 불한당, 상습 도박꾼, 극렬분자, 뚜쟁이, 주정뱅이, 변절자, 장물아비, 치기배, 성직 매매자, 허술한 사람을 등쳐먹고 사는 파렴치한, 가짜 술장수, 교황청 봉인 위조범, 교회 문전에서 구걸하는 가짜 사지마비 환자, 수도원에서 도망 나온 땡중, 방랑 시인, 면죄부 장수, 가짜 선지자, 점쟁이, 요술사, 무당, 가짜 탁발승, 각양각색의 우상 숭배자, 사기와 폭력으로 처녀만 전문으로 욕보이는 치한, 수종, 간질, 치질, 통풍, 열창, 게다가 광적인 조울증까지 고친다고 풍을 치는 약장수까지…… 없는 게 없었다. 악성 궤양 환자인 척하느라고 온몸에다 회를 칠한 자, 구제 불능의 폐병 환자 행세를 하느라고 입에다 핏빛 물감을 찍어 바르고 다니는 자, 사지가 멀쩡하면서도 목발을 짚고 휘청거리며, 다리가 부어서 가래톳이 생기고 상처에 딱지가 앉은 양 노란 물감을 칠한 채로 칼로 제 대가리에 상처를 낸 다음 교회로 들어가는 자도 있었다.[13]

형태와 목록

나중이 되어서야 나는 목록의 기호학에 대해 진지하게 생각하기 시작했다. 프랑스 예술가 아르망Arman, 프랑스 출신의 미국 화가이자 조각가.의 '집적accumulation' 시리즈에 대한 글을 쓰면서부터였다. 그는 '집적' 시리즈에서 플라스틱 용기에 꽉꽉 들어찬 다양한 종류의 안경이나 손목시계들의 집적체, 즉 실재하는 것들로 목록을 만들었다. 당시 나는 문학적 장치로서 목록이 처음 등장했던 게 호메로스의 작품들이었다는 사실을 떠올렸다. 『일리아스Iliad』 2권에는 소위 함선 카탈로그가 나온다.[14]

사실 호메로스는 완전하고 유한한 형태에 대한 묘사와 불완전하고 잠재적으로 무한한 목록에 대한 묘사 사이의 아름다운 대조를 보여준다.

완전하고 유한한 형태는 『일리아스』 18권에 나오는 아킬레스의 방패이다. 헤파이스토스는 방패를 다섯 부분으로 나누고, 인간이 사는 두 도시를 그려 넣었다. 첫 번째 도시에는 결혼식 잔치 장면과 재판이 열리는 혼잡한 광장을 묘사했다. 두 번째 도시는 포위된 성을 보여준다. 성곽 위에서는 아내들과 처녀들, 노인들이 전투를 지켜

보고 있다. 미네르바가 이끄는 적군이 진격하고, 사람들이 가축에 물을 먹이는 강가로 가서 매복을 준비한다. 대전투가 뒤따른다. 헤파이스토스는 잘 갈아놓은 비옥한 땅 위로 소를 몰고 쟁기질을 하는 농부도 새겨 넣는다. 포도밭에는 무르익은 포도나무와 황금색 어린 순들이 가득하고, 포도덩굴을 받치는 은장대와 포도밭 주변에는 둘러진 연철 울타리도 보인다. 금과 주석으로 빚은 소떼는 강둑을 따라 초원을 달리고, 강물은 갈대 사이로 흐른다. 갑자기 사자 두 마리가 나타나 어린 암소들과 황소를 덮치고, 상처를 입은 채 애처롭게 우는 소들을 질질 끌고 간다. 소몰이꾼이 개를 데리고 근처로 올 때쯤 이미 야수는 내장이 쏟아진 황소를 게걸스럽게 먹고 있고, 덩치 큰 마스티프 견종 개들은 사자를 향해 무력하게 짖기만 한다. 헤파이스토스의 마지막 그림에는 전원의 계곡을 배경으로 양떼들이 묘사되어 있다. 군데군데 오두막과 작은 방목지가 있고, 춤추는 젊은 남녀도 보인다. 아가씨들은 속이 비치는 옷을 입고 화관을 썼으며, 청년들은 잘록한 윗도리를 입고 옆구리에 황금 단검을 차고 있다. 그리고 모두 함께 도공의 물레처럼 빙글빙글 돈다. 많은 사람들이 춤을 지켜보고, 춤이 끝나자 곡예사 세 명이 공중제비를 돌며 노래를 부른다. 웅장한 오케아노스Oceanus, 그리스 신화에 나오는 대양大洋의 신. 강이 이 모든 장면을 감싸고 흐르며 방패를 우주의 다른 부분들과 구분하고 있다.

내 설명은 불완전하다. 방패에는 대단히 많은 장면들이 담겨 있기 때문에, 헤파이스토스가 극도로 미세한 금세공술을 사용했다는 것까지 함께 상상하지 않는 이상 그 모든 섬세한 묘사를 담은 방패를 머릿속에 떠올리기조차 힘들다. 게다가 그의 묘사는 공간뿐 아니라 시간까지 점령한다. 각양각색의 사건들이 꼬리를 물고 펼쳐지다 보니 마치 방패가 영화 스크린이나 긴 카툰인 것만 같다. 방패가 지닌 완벽한 원형의 속성은 그 경계 너머에 아무것도 존재하지 않는다는 암시이다. 다시 말해서 방패는 '유한'한 형태이다.

호메로스가 그런 방패를 상상할 수 있었던 이유는 당시 농경문화와 군사 문화를 확실하게 알고 있었기 때문이다. 그는 자신이 사는 세계를 알았다. 그 세계의 법을 알고 인과관계를 알았다. 그렇게 때문에 그는 세계에 '하나의 형태를 부여할 수 있었다'.

호메로스는 책 2권에서 그리스 군대의 규모를 실감 나게 묘사하고, 겁에 질린 트로이 사람들의 눈으로 해안을 따라 넓게 진을 친 수많은 병사들의 모습을 전달하고 싶어 한다. 우선 그는 비교를 시도한다. 천둥처럼 하늘을 가로지르는 거위나 두루미 떼와 같다고 말하지만, 어떤 은유도 도움이 되지 않자, 그는 (새뮤얼 버틀러Samuel Butler의 고전 번역에 따르면) 여신 뮤즈에게 도움을 청한다.

> 이제 말씀해주소서, 올림포스 궁전에 사시는 무사 여신들이여! 그대들은 여신들이라 어디나 친히 임하시므로 만사를 아시지만, 우리는 뜬소문만 들을 뿐 아무것도 아는 것이 없기 때문입니다. 다나오스 백성들의 지휘자들과 지배자들은 누구누구였습니까? 하나 군사들에 관하여 일일이 이름을 들어 이야기한다는 것은, 이야기를 가지신 제우스의 따님들인 올림포스의 무사 여신들께서 일리오스트로이의 다른 이름에 간 모든 이들에 관하여 일일이 일러주시지 않는다면, 설사 내게 열 개의 입과 열 개의 혀가 있고 지칠 줄 모르는 목소리와 청동의 심장이 있다 하더라도 나로서는 도저히 감당할 수 없는 일입니다. 그러니 나는 함선들의 지휘자들과

함선들에 관하여 빠짐없이 말하겠나이다.

그가 매우 손쉬운 지름길을 택한 것처럼 보이지만, 이 지름길은 그리스어 원본에서 거의 300행을 차지한다. 1,186척의 함선을 넣기 위해서 말이다. 분명 호메로스의 목록은 유한하다(그 밖에 다른 지휘관과 다른 함선이 있지는 않았을 것이다). 하지만 그는 각각의 지휘관마다 얼마나 많은 병사들을 거느리고 있었는지 알 수 없었기 때문에 그가 암시하는 수는 여전히 짐작하기 어렵다.

형언불가

호메로스는 함선들의 카탈로그를 제시하면서, 단지 우리에게 웅장한 목록의 예만 보여주는 것이 아니다. 그는 '형언불가의 토포스topos of ineffability'라 불리는 것까지 제시한다.[15] 형언불가의 토포스는 호메로스의 작품들 안에서 몇 차례나 등장한다(예컨대 버틀러 번역본 『오디세이아Odyssey』 4권 273쪽부터, '물론 나는 오디세우스가 겪은 전투들을 모두 다 말하거나 일일이 열거할 수는 없어요……'). 그리고 이따금 언급해야 할 대상이나 사건들의 무한성에 직면한 시인도 말을 아낀다. 단테는 천국에 있는 천사들의 이름을 일일이 열거하지 못한다. 얼마나 많은 천사들이 존재하는지 모르기 때문이다(『신곡』의 「천국」 제29곡에서 그는 천사의 수를 인간이 헤아리기는 힘들다고 썼다). 그래서 단테는 시를 쓰다 말로 형언할 수 없는 것에 직면할 때, 명칭들을 일일이 열거하여 불완전한 목록을 만드는 대신 불가형언의 환희를 표현하는 쪽을 택한다. 그가 천사들의 수는 헤아릴 수 없다는 점을 전달하기 위해 꺼내는 이야기는 고작 체스의 발명과 관련된 전설이다. 체스를 발명한 사람이 페르시아 왕에게 그에 대한 보답으로 체스 판의 첫째 칸에 밀 한 알, 둘째 칸에 두 알, 셋째 칸에 네 알을 놓는 식으로 64번째 칸까지 밀알을 두 배씩 쌓아달라고 요구했고, 그렇게 밀알의 수는 천문학적으로 불어났다는 얘기이다.

그 수가 무수히 늘어나
체스 판 위에서 갑절이 되었다.[16]

그 양이 방대하거나 알려지지 않은 어떤 것을 표현하고자 할 때, 다시 말해서 아직 잘 모르거나 앞으로도 충분히 알 수 있는 가망이 없을 때, 저자가 표본이나 사례, 혹은 암시가 되는 목록을 제시하며 그 나머지를 독자의 상상력에 맡기는 경우도 있다. 내 소설을 보면, 오직 불가형언성에 대한 감동으로 삽입했던 목록이 적어도 하나는 있다. 나 역시 단테처럼 천국에 다녀올 수는 없었지만, 남태평양의 산호초를 찾는 것은 지상에서도 할 수 있는 일이었다. 그때 나는 『전날의 섬』을 쓰고 있었는데, 인간의 혀로는 도저히 그 풍부함과 다채로움, 그곳에 사는 물고기와 산호들의 놀라운 빛깔을 묘사할 길이 없을 것 같았다. 설령 내가 묘사를 할 수 있었다 해도, 내 등장인물인 로베르토는, 연안의 난파선에 몸을 싣고 아마도 그 산호초를 보게 된 최초의 인류였을 그 17세기의 인물은 자신의 황홀경을 표현할 말을 찾지 못했을 것이다. 내 앞에 놓인 문제는 남태평양의 산호들이 색조의 무한성을 뽐내고 있었고(다른 바다에서 그저 그런 산호들밖에 보지 못한 사람들은 내 말의 진정한 의미를 알지 못할 것이다), 나는 그 색상들을 말로 표현하기 위해 박진법hypotyposis, 사물이나 정경 등에 생생한 사실감을 부여하는 묘사.이라는 수사적 장치를 선택할 수 밖에 없다는 것이었다. 이 과정이 힘겨웠던 이유는 어마어마하게 다양한 색상들을 엄청나게 많은 말들로 이미지화하면서, 동일한 색상 용어는 절대 쓰지 않고 유의어를 찾아내야 했기 때문이다.

다음은 산호(및 물고기)와 단어에 관한 나의 이중 목록 중 일부이다.

한동안은 눈앞이 흐릿해서 아무것도 보이지 않았지만 곧 절벽 비슷한 것이 눈앞에 나타났다. 안개 낀 밤에 배를 몰고 절벽에 접근하는 뱃사람이 된 기분이었다. 처음에는 흐릿하던 그의 눈앞에 열구裂口의 언저리가 보였다. 그는 그 열구 위에 떠 있었던 것이었다.

그는 가면을 벗어, 스며든 물을 비우고는 다시 썼다. 한 손으로 가면을 붙잡은 채 그는 천천히 발을 움직여, 조금 전에 본 열구 가까이로 접근했다.

이런 것을 산호초라 하는구나 싶었다. 그가 뒤에 기록한 것에 따르면 산호초에서 받았던 그의 첫인상은 혼란과 당혹이었다. 눈앞에다 박견薄絹과 평직平織 비단, 능라, 수단繡緞,

문직紋織, 융단, 매듭, 장식술, 주름, 그리고 영대領帶, 비옷, 제의祭衣, 대례복을 죽 늘어놓고 앉아 있는 포목 장수 앞에서 있는 기분이었다. 그러나 포목 장수 앞에 있는 것과는 달라서 로베르토의 눈앞에 있는 것들은 저희 나름의 생명으로, 육감적인 동방의 무희들처럼 전후좌우로 움직이고 있다는 점이었다.

한마디로 장관이라고 생각했을 뿐, 로베르토는 이것을 자세하게는 묘사하고 있지 않다. 처음 본 것이어서, 그것을 언어로 그려낼 만한 기억의 영상을 찾아낼 수 없었기 때문일 것이다. 어쨌든 그 장관으로부터 한 무리의 크고 작은 것들이 쏟아져 나왔다. 로베르토는 그것을 바라보면서 이것저것 비교하는 수밖에 없었다. 물고기 떼였다. 물고기들은 8월 하늘의 별처럼 물밑에다 종횡으로 수를 놓는가 하면 무수한 색조와 각양각색인 비늘로 끊임없이 새로운 영상을 지어내기도 하고 지우기도 했다. 자연은 로베르토 앞에서, 우주에 얼마나 다양한 색조가 존재하는지, 한 귀퉁이에만 얼마나 많은 색조를 풀어놓을 수 있는지 과시하는 것 같았다.

뱀 무늬도 있고, 몇 가닥을 한꺼번에 꼰 듯한 사슬 무늬도 있었다. 에나멜 색이 점점이 박힌 것이 있는가 하면 방패 무늬와 장미 매듭 무늬가 아로새겨진 것도 있었다. 그중에서도 가장 아름다워 보이는 것은, 몸에 포도색과 우유색의 띠가 그려져 있는 물고기였다. 한 번도 끊어지지 않고 띠는 옆구리로 이어지고 있었는데 어찌나 신비스러운지 물고기라기보다는 보석 세공사가 정교하게 다듬은 예술 작품 같았다. 처음에는 보이지 않았는데 그제야 물고기 뒤로 산호초의 윤곽선이 보였다. 로베르토가 보기에는 바나나 송이, 말아서 만든 과자 광주리, 카나리아와 도마뱀과 벌새에 둘러싸인, 비파나무 열매가 가득 든 꽃바구니 같았다.

낙원이었다. 아니었다. 돌로 만들어진 숲이었다. 그 숲 너머로는 둔덕도 있고, 켜켜이 쌓여 있는 땅주름도 있고, 기슭도 있고, 열구와 굴도 있고, 이 땅의 것이 아닌 식물이 때로는 웅크린 듯이 때로는 포위하는 듯이 때로는 비늘 모양으로 덮인, 살아 있는 것처럼 보이는 경사진 암벽도 있었다. 마치 쇠비늘 갑옷을 입고 있는 것 같았다. 식물의 모양은 가지각색으로 다르면서도 모두 그 어마어마한 크기와 아름다움과 우아한 기품을 다투기는 마찬가지였다. 언뜻 보면 누군가가 소박하게 빚고 소박하게 꾸며놓은 작품 같았지만 그 소박함은 그냥 소박한 것이 아니었다. 만만하지 않은 위엄을 갖춘 소박함이었다. 가히 괴물에 비길 만한 것은 사실이었다. 그러나 그지없이 아름다운 괴물이었다.

……(중략)……

로베르토에게는 그 진주조개가 흡사 유골 단지 같아 보였다. 그는 산호초 사이에 카스파르 신부의 시신이 끼어 있을지도 모른다고 생각했다. 물론 보이지는 않았다. 물결이 일렁거리면서 산호말로 덮어버렸을지도 모를 일이었다. 그러나 어쩌면 산호는 신부의 육신을 이루던 이승의 체액을 모두 빨아 이미 낙원의 꽃으로 피었다가 열매로 맺어졌을지도 모르는 일……. 로베르토는 바다 밑에서 전혀 다른 생물로 거듭난 노인의 모습을 볼 수 있을지도 모르는 일……. 털이 부얼부얼한 야자 같은 식물의 머리, 시든 사과 같은 식물의 뺨, 덜 익은 살구 모양의 식물은 두 눈과 눈썹, 동물이 싸놓은 똥무더기같이 펑퍼짐하고, 잎사귀가 톱날로 되어 있는 옹이진 엉겅퀴 모양의 식물은 코, 마른 무화과 같은 식물은 입술, 대가 짤막한 사탕무 모양의 식물은 턱, 주름진 카드룬 모양의 식물은 목, 마주보고 있는 두 개의 밤 같은 것은 관자놀이, 반으로 쪼갠 호두 같은 것은 귀, 홍당무 같은 것

은 손가락, 참외 같은 것은 배, 모과는 그의 무릎인지도 모르는 일…….[17]

사물과 사람 그리고 장소에 관한 목록들

문학의 역사는 강박적으로 수집한 대상들로 가득하다. 때때로 이 수집품들은 아리오스토의 글에 나온 것처럼 아스톨포가 달나라에서 찾아온 오를란도의 이성만큼이나 기상천외하다.

때로는 『맥베스Macbeth』 4막에서 마녀들이 사용하는 불길한 재료들의 목록처럼 우리를 불안하게 한다. 잠바티스타 마리노Giambattista Marino, 17세기 이탈리아의 시인, 마리니즘의 창시자.가 『아도니스Adonis』에서 묘사하는 수많은 꽃들처럼6부, 115~159 황홀한 향기도 풍긴다. 로빈슨 크루소를 섬에서 살아남을 수 있게 해준 잡동사니 표류물들처럼, 혹은 마크 트웨인Mark Twain이 썼듯 톰 소여가 모은 변변치 않은 보물들처럼, 보잘것없지만 극히 중요해지기도 한다. 레오폴드 블룸의 부엌에 있던 하찮은 물건들처럼 현기증이 날 정도로 평범할 때도 있다. 또 때로는 토마스 만의 『파우스트 박사Doctor Faustus』 7장에 묘사된 악기들처럼, 박물관에 붙박인 듯, 관 속에 묻힌 듯 움직임 없는 상태임에도 마음에 사무친다.

장소에 대해서도 마찬가지이다. 다시 말하지만 작가들은 목록의 '기타 등등'에 의지한다. 「에스겔」 27장에는 두로를 대단하다고 여기게 만드는 특성들의 목록이 나온다. 디킨스는 『황폐한 집Bleak House』 1장에서 자욱한 연무로 탁한 런던의 특징을 공들여 보여준다. 포Edgar Allan Poe, 19세기 최대의 독창가로 꼽히는 미국의 시인, 소설가, 비평가.는 『군중 속의 사람The Man of the Crowd』에서 자신이 간단히 '군중'이라고 지각하는 일군의 개인들을 향해 몽상적인 시선을 던진다. 프루스트(『스완네 집 쪽으로Du côté de chez Swann』, 3장)는 어린 시절의 도시를 회상한다. 칼비노(『보이지 않는 도시들Invisible Cities』, 9장)는 위대한 칸Great Khan이 꿈꾸던 도시들을 환기시킨다. 블레즈 상드라르(Blaise Cendrars, 『시베리아 횡단 산문La Prose du Transsibérien』)는 시베리아 스텝 지대를 지나는 기차의 통통 소리를 묘사하며 다양한 장소들을 기억한다. 현기증 나는 목록들을 탁월하게, 또한 가장 과도하게 구사했던 시인으로 찬사를 받는 휘트먼Walt Whitman, 19세기 미국의 시인. 시집 『풀잎』은 종래의 전통적 시형을 벗어나, 미국의 적나라한 모습을 찬미했다.은 대상들을 차곡차곡 쌓아 올리며 자신의 모국을 찬양했다.

도끼가 날아오른다!
울창한 숲이 부드러운 소리를 낸다.
숲은 앞으로 고꾸라지고 다시 일어나
오두막, 천막, 층계참, 측량기,
도리깨, 쟁기, 곡괭이, 지렛대, 삽,
지붕널, 가로장, 버팀목, 징두리, 램, 욋가지, 널판, 박공널, 성채, 천장, 술집, 학술원, 기관, 박물관, 도서관,
처마 돌림띠, 격자 구조물, 벽기둥, 발코니, 창문, 지붕 탑, 현관,
괭이, 써레, 쇠스랑, 연필, 화차, 지팡이, 탑, 막대패, 망치, 쐐기, 핸들,
의자, 통, 둥근 테, 탁자, 삼주문, 풍차 날개, 창틀, 마루, 도구함, 궤, 현악기, 배, 액자 따위가 된다.
미국의 국회의사당과 미국의 주 의회의사당,
길고 장중한 열을 지어 거리에, 고아나 가난한 이나 병든

이들을 위한 병원에 있고
맨해튼의 기선과 모든 바다를 누비고 다니는 범선에 있다.[18]

장소의 축적에 관해 말하자면, 빅토르 위고의 『93년(1부, 3장)』을 보면 방데 인근의 지명 목록이 하나 나온다. 랑트냐크 후작은 수많은 장소를 나열하며 뱃사람 알말로에게 그곳들을 일일이 지나면서 봉기를 일으키라는 명령을 전달하라고 지시한다. 가련한 알말로가 그 엄청난 목록을 기억했을 리 만무하다. 위고 또한 독자들이 그 많은 지명을 기억할 거라고는 생각하지 않았을 것이다. 다시 말해서 이 어마어마한 지명 목록은 민중 봉기의 어마어마한 규모를 보여주려는 의도였다고 할 수 있다.

현기증 나는 장소 목록의 또 다른 예는 조이스의 『피네간의 경야』에서 「안나 리비아 플루라벨Anna Livia Plurabelle」이라는 장에 등장한다. 이 장에서 조이스는 리피 강River Liffey이 흘러가는 느낌을 보여주기 위해 전 세계 수백여 지역의 강 이름을 말장난처럼, 또는 복합어처럼 끌어들인다. 케브Chebb, 펏Futt, 반Bann, 덕Duck, 사브레인Sabrainn, 틸Till, 와그Waag, 보무Bomu, 보야나Boyana, 추Chu, 바타Batha,

스콜리스Skollis, 샤리Shari, 수이Sui, 톰Tom, 셰프Chef, 시르다리아Syr Darya, 래더번Ladder Burn 등등 잘 알려지지 않은 강 이름들을 독자들이 알아보기는 쉽지 않다. 「안나 리비아 플루라벨」 부분의 번역은 대체로 역어 선택의 여지가 꽤 넓기 때문에, 외국어 번역본에서는 강이 원본 텍스트와 다른 위치에 소재한 것으로 나올 수도 있고, 혹은 완전히 다른 강이 언급될 수도 있다. 조이스 자신이 공역자로 참여했던 최초의 이탈리아 번역본에도 세리오Serio와 포Po, 세르키오Serchio, 피아베Piave, 콘카Conca, 아니에네Aniene, 옴브로네Ombrone, 람브로Lambro, 타로Taro, 토체Toce, 벨보Belbo, 실라로Sillaro, 탈리아멘토Tagliamento, 라모네Lamone, 브렘보Brembo, 트레비오Trebbio, 민초Mincio, 티도네Tidone 그리고 파나로Panaro 같은 이탈리아 강들이 등장한다.[19] 영어 텍스트에는 전혀 언급되지 않았던 강들이다.[20]

이 목록은 어쩌면 무한해 보이기도 한다. 독자들은 틀림없이 이 모든 강을 다 찾아내기 위해 노력하겠지만, 조이스가 명명백백하게 언급한 이름들보다 비평가들이 더 많은 강을 찾아낸 건 아닐까 의심하는 독자들도 있을 것이다. 또한 영어 알파벳으로 조합할 수 있는 경우의 수들을 고려하면 비평가들이나 조이스가 생각한 것보다 훨씬 더 많은 강 이름이 있지 않을까 하는 의구심도 느낄 만하다.

이런 종류의 목록은 분류하기 까다롭다. 이런 목록은 탐욕에서, 그리고 형언불가의 토포스(세상에 얼마나 많은 강이 있는지 아무도 모르기 때문에)와 목록에 대한 순수한 사랑에서 만들어진다. 조이스는 틀림없이 많은 사람들의 협력을 구해가며 각고의 노력 끝에 이 강들의 이름을 찾아냈을 것이다. 지리학에 대한 열정으로 그렇게 한 게 아닌 건 분명하다. 조이스는 그저 이 목록이 끝나지 않기를 바랐던 것 같다.

궁극적으로 우리는 장소들의 장소인 전체 우주를 엿본다. 보르헤스Jorge Luis Borges, 아르헨티나의 소설가이자 시인, 평론가로서 환상적 사실주의에 기반한 단편들로 현대 포스트모더니즘 문학에 큰 영향을 끼쳤다.는 소설 『알렙The Aleph』에서 텅 빈 동굴의 문을 통해 안을 들여다보고, 그것을 불완전할 수밖에 없는 목록, 즉 장소와 사람, 그리고 불온한 에피파니의 목록으로 이해한다.

그는 으르렁거리는 바다를 보았고, 새벽과 저녁, 아메리카

대륙의 군중, 검은색 피라미드의 중앙에 있는 은빛 거미줄, 부서진 미로(다름 아닌 런던 시였던), 거울을 보듯 그를 유심히 바라보는 주위의 셀 수 없이 많은 눈들, 세계의 모든 거울들, 솔레르 거리의 한 후원에서 30년 전 프라이 벤토스의 한 집의 현관에서 보았던 것과 똑같은 보도블록들, 꽃송이들과 눈과 담배와 금속의 줄무늬와 수증기들, 봉긋하게 솟아오른 적도의 사막과 모래벌판의 모래알 하나하나, 인베르네스의 한 여자, 그 여자의 거칠게 풀어헤친 머리칼과 거만한 자태, 여자의 유방암, 나무 한 그루가 있었던 한 오솔길에서 원 모양을 이루고 있는 마른 땅, 아드로게의 별장, 최초의 영역본이었던 필리니의 책 한 권, 한눈에 들어오는 각 페이지와 각 글자들, 동시적인 밤과 낮, 벵갈의 장미 빛깔을 반사하고 있는 것처럼 보이는 케레타로의 석양, 아무도 없는 그의 침실, 알크마르르의 한 거실에서 끝없이 자신을 증식시키고 있는 두 개의 거울 사이에 놓여 있는 지구본, 새벽 기운에 물들어 있는 카스피 해의 한 해변에서 갈기를 휻날리고 있는 말들, 뼈마디가 섬세한 손, 전쟁에서 살아남아 우편엽서를 보내는 사람들, 미르사푸르의 한 진열장에 있는 한 벌의 스페인제 트럼프, 온실 바닥에 드리워져 있는 몇 그루 양치류 식물들의 비스듬히 기울어진 그림자들, 호랑이와 피스톤과 들소들과 거대한 파도들과 군대들, 지구상에 있는 모든 개미들, 페르시아의 고대 천체 관측기, 책상의 한 서랍에서 베아트리스 비테르보가 보낸 저속하고 믿기지 않는 또박또박 쓴 편지들, 차카리타의 사랑받는 기념비, 한때는 달콤하게도 베아트리스였던 부패한 잔해, 자신에게 돌고 있는 더러운 피, 사랑의 톱니바퀴와 죽음의 변화 과정을 보았다. 그는 모든 지점에서 '알렙(다른 모든 지점들을 담고 있는 공간 안의 한 지점)'을 보았고, '알렙' 속에 들어 있는 지구를, 다시 지구 속에 들어 있는 '알렙'과 '알렙' 속에 들어 있는 지구를 보았다. 그는 자신의 얼굴과 내장을 보고, 현기증을 느끼고, 눈물을 흘린다. 사람들이 제멋대로 남용해 쓰고 있지만 그 누구도 본 적이 없는 비밀스럽고 단지 상상적인 대상, 불가해한 우주를 보았기 때문이다.[21]

나는 그런 목록을 보면 항상 마음을 빼앗겼다. 보르헤스도 그랬으니 걱정은 하지 않아도 될 것 같다. 확실히 나는 보르헤스의 영향을 받아 『바우돌리노』에서 상상 속의 지형도를 채웠다. 머나먼 전설 속 동방의 나라에서 호젓이 살고 있는 요한 사제의 아들은 나병에 걸려 죽음을 기다리는 처지인데, 바우돌리노는 그에게 경이로운 서방 세계를 묘사하여 들려준다. 그리하여 그는 서방 세계의 공간과 사물들을, 중세 서구인들이 머나먼 동방 세계를 꿈꾸었던 것과 똑같이 멋들어지게 그려낸다.

> 내가 가보았던 곳, 그러니까 레겐스부르크에서 파리, 베네치아에서 비잔틴, 그리고 이코니온에서 아르메니아 이런 곳들을 자세히 묘사했고 우리가 여행 중에 만났던 사람들에 대해 이야기를 해주었습니다. 그는 픈다페침의 그 벽감들 말고는 달리 아무것도 보지 못하고 죽을 운명이었습니다. 나는 내 이야기 속에서 그를 살게 하고 싶었습니다. 어쩌면 내가 이야기를 꾸며냈는지도 모릅니다. 난 내가 한 번도 가본 적이 없는 도시들에 대한 이야기를 들려주었습니다. 한 번도 싸워보지 않은 전투를 이야기했고, 한 번도 내 것으로 만들어보지 못했던 공주들의 이야기를 해주었습니다. 해가 지는 땅이 얼마나 경이로운지 이야기해주었습니다. 난 해가 지는 지방의 일몰을 픈다페침에서 즐길 수 있게 해주었고 베네치아 석호에 비치는 에메랄드빛 햇빛과

히베르니아(아일랜드)의 계곡을 즐길 수 있게 해주었습니다. 조용한 호숫가에 일곱 채의 하얀 성당이 드문드문 서 있고 그 성당처럼 하얀 양 떼들이 노니는 그런 곳 말입니다. 항상 순백색의 부드러운 물질로 뒤덮여 있는 알프스 산에 대해 말해주었습니다. 여름이면 그 하얀 물질은 녹아서 장엄한 폭포수들이 되고 밤나무들이 울창한 비탈길을 따라 강으로 시냇물로 흩어진다는 것을 말입니다. 나는 또 아풀리아의 해안에 넓게 펼쳐져 있는 소금 사막 이야기를 해주었습니다. 내가 한 번도 항해해보지 못한 바다 이야기를 들려주어 그를 떨게 만들었습니다. 그 바다에는 황소만 한 큰 물고기가 뛰어노는데 그 물고기들이 너무나 온순해 인간들이 물고기 등 위에 올라탈 수 있다는 이야기를 해주었습니다. 성 브렌단이 행복의 섬으로 떠난 여행을 이야기해주었습니다. 그가 어느 날 바다 한가운데 있는 땅에 도착한 줄 알고 상륙했는데 그게 고래의 등이었다는 이야기를 해주었지요. 고래는 산처럼 큰 물고기로 배 한 척을 모두 집어삼킬 수 있습니다. 그런데 나는 배가 무엇인지를 설명해야 했지요. 하얀 물살을 양쪽으로 만들어내며 물을 가르고 지나가는 나무로 만든 물고기라고 설명해주었습니다. 나는 그에게 우리 지방에서 본 진귀한 동물들을 열거했습니다. 십자가 형태의 커다란 뿔이 두 개 달린 사슴, 이 땅 저 땅으로 날아다닐 뿐만 아니라 노쇠한 자기 어미와 아비를 등에 태우고 하늘로 날아다니는 황새, 조그만 진흙 덩어리 같으며 빨간색에 우윳빛 점들이 점점이 박힌 무당벌레, 악어와 비슷하지만 아주 작아서 문 밑으로도 지나갈 수 있는 도마뱀. 다른 새의 둥지에 알을 낳아놓는 뻐꾸기, 커다랗고 둥그런 눈이 등불처럼 빛나며 교회에서 램프 기름을 먹고 사는 부엉이, 소젖을 빨아먹으며 가시들이 등 뒤에 나 있는 동물인 고슴도치, 살아 있는 보석 상자로서 생명은 없지만 가끔 아름답고 귀한 보석을 만들어내는 조개, 노래하며 밤을 지새우고 장미를 찬미하며 사는 나이팅게일, 자신을 잡아 그 살을 먹으려는 사람을 피하기 위해 뒤로 달아나는 새빨간 가재, 기름기가 많고 맛이 좋은 놀라운 물뱀인 뱀장어, 하느님의 천사처럼 물 위를 날아다니지만 마귀처럼 귀청을 찢을 듯한 소리로 울부짖는 갈매기, 부리가 노란 검은 새로서 사람처럼 말하며 주인이 속마음을 터놓고 한 말을 다른 사람에게 알리는 지빠귀, 호수의 물을 고고히 가르며 죽는 순간에 너무나 아름다운 노래를 부르는 백조, 여자아이처럼 유연한 족제비, 사냥감 위로 수직으로 내려앉아 자신을 키워준 기사에게 그것을 가져다주는 매에 대한 이야기를 해주었습니다. 나는 내가 한 번도 보지 못한 (부제와 마찬가지로 나도 보지 못한 것이지요) 보석들의 휘황찬란한 모습을 상상해냈습니다. 자줏빛과 우윳빛으로 점점이 얼룩진 무라석, 적자색과 흰색으로 결이 나 있는 이집트 보석 몇 가지, 깨끗한 오리칼쿰, 투명한 수정, 눈부시게 빛나는 다이아몬드를 이야기했습니다. 그리고 섬세한 나뭇잎으로도 바꾸어놓을 수 있을 정도로 부드러운 금속인 눈부신 황금, 틀을 만들기 위해 붉은 구리를 물속에 담글 때 나는 소리를 칭찬했습니다. 대수도원의 보물 속에는 상상도 할 수 없을 정도로 훌륭한 성골 상자가 들어 있다고 말했습니다. 우리 성당의 탑들이 얼마나 높고 뾰족한지, 콘스탄티노플 경마장의 기둥들이 얼마나 높고 곧은지를 이야기했고, 유대인들이 벌레처럼 보이는 글자들이 깨알같이 박힌 어떤 책들을 읽는지, 그들이 그 책을 읽을 때 어떤 소리를 내는지 이야기해주었습니다. 그들이 책을 읽을 때는 꼭 위대한 기독교의 황제가 칼리프에게서 선물 받은 쇠로 만들어진 닭이 우는 소리와 같았답니다. 그 쇠닭은 매일 아침 해가 뜰 때마다 우는 겁니다. 해는 김을 내며 도는 공이라고 할 수 있는데 그 해가 어떻게 아르키메데스Archimedes, 지렛대의 반비례법칙을 발견한 고대 그리스의 수학자, 물리학자.의 거울에 불을 붙이는지, 한밤중에 풍차를 보면 얼마나 무시무시한지를 이야기해주었습니다. 그리고 성배와 아직도 브르타뉴에서 그것을 찾고 있는 기사들 이야기를 해주었고, 우리는 파렴치한 악당 조시 모스를 찾기만 하면 곧 그의 아버지께 그 성배를 전할 것이라고 말했습니다.

……(중략)……

부제는 흥분했습니다. 그리고 더 이야기를 해달라고 청했습니다. 부제는 트리폴리 백작 부인인 멜리장드의 머리칼이 얼마나 아름다운지, 성배보다 브로셀리앙드의 기사들을 더 매혹시켰다는 눈부시게 아름다운 그녀의 입술이 어떤 모양인지를 물어보았습니다. 그는 흥분했습니다. 주님, 저를 용서해주십시오. 하지만 저는 그가 두어 번 발기했을 것이고 자신의 정액을 배설하는 기쁨을 맛보았을 거라고 생각합니다. 그래서 다시 나는 이 세계에 우리의 체력을 소모시키는 향료들이 얼마나 넘쳐나는지를 그에게 이해시키려고 애썼습니다. 그 향료들을 가지고 있지 않았기 때문에 나는 내가 알고 있던 향료의 이름과 이름만 알고 있는 향료를 생각해보려고 애썼습니다. 그 이름들이 냄새로써 그를 취하게 만들 수 있다고 생각하면서 말입니다. 나는 부제에게 라벤더, 육계나무, 백단향, 사프란, 생강, 계피, 월계수, 꽃박하, 고수풀, 미나리, 참깨, 양귀비, 육두구, 시트로넬라, 심황과 커민의 이름을 열거했습니다. 부제는 금방 기절할 것처럼 이야기를 들었습니다. 그는 마치 자신의 그 불쌍한 코가 그 모든 향내를 참을 수 없기라도 하듯이 얼굴을 매만졌습니다. 그는 눈물을 흘리면서 대체 지금까지 그 저주받을 환관들이 그에게 먹으라고 준 것이 무엇인지를 물었습니다. 환관들은 그가 병에 걸렸다는 핑계로 양젖과 부르크에 적신 빵만 준 겁니다. 나병에 좋다고 말이지요. 그래서 그는 얼떨떨한 상태로 거의 언제나 잠에 빠져 하루하루를 보낸 겁니다. 입 안에는 매일 같은 음식 맛이 남아 있었고요.[22]

분더카메른과 박물관

박물관 카탈로그는 실용적 목록의 예로, 이미 정해진 장소 안에 존재하는 대상들을 지시하며 그런 의미에서 어쩔 수 없이 유한하다. 그런데 박물관 그 자체나 어떤 종류든 하나의 컬렉션에 대해서는 어떻게 생각해야 할까? 한 컬렉션이 특정 종류의 '모든' 대상(예컨대 정해진 화가의 '모든' 작품)을 포함하는 지극히 드문 경우가 아니라면, 컬렉션은 항상 열려 있고 다른 요소를 추가하면 언제든 확대될 수 있다. 특히 로마 귀족이나 중세 영주가 그랬듯이, 또 현대 박물관이 그렇듯이 무한정 증가하고 축적하는 데 취향을 지닌 컬렉션일 경우 더 그렇다. 하지만 어떤 박물관이 대단히 많은 예술 작품들을 전시할 수 있다 해도, 결국에는 예술 작품이란 그보다 훨씬 더 많다는 인상을 준다.

게다가 아주 전문화된 사례들을 제외하면 컬렉션은 항상 부조화에 가깝다. 우리가 생각하는 예술 개념을 이해하지 못하는 우주 여행자는 왜 루브르 박물관에 화병이나 접시, 소금 통같이 일상에서 쓰는 하찮은 물건들이 있는지, 밀로Milo의 비너스 같은 여신의 동상, 풍경을 묘사한 그림, 평범한 사람들의 초상화, 무덤 부장품과 미라, 괴물 같은 생명체의 상, 예배 물품, 고문당하는 사람을 그린 그림, 전투 장면을 담은 그림, 성적 욕망을 불러일으키게끔 계산된 누드, 혹은 고고학적 발굴품 등이 있는지 의아해할 것이다. 대상이 다양하기 때문에, 그리고 밤중에 그런 물건들에 둘러싸여 있으면 어떤 기분이 들지 상상이 되기 때문에, 박물관은 무서운 공간이 될 수도 있다. 불안함은 수집된 대상들의 부조화가 커질수록 더 증대된다.

수집된 대상들을 알아볼 수 없으면, 현대 박물관이라 하더라도 17세기나 18세기 자연사 박물관과 비슷해진다. 이러한 박물관의 전신을 소위 분더카메른Wunderkammern, 경이의 창고, 혹은 호기심의 창고.이라고 하는데, 이곳에서 어떤 사람들은 알려져야 할 모든 것들을 체계적으로 수집하기 위해 노력했고, 어떤 사람들은 진기한 물건이나 듣도 보도 못한 물품들을 모았다. 그런 수집품들 중에는 실내 분위기를 지배하는 쐐기돌에 걸어놓은 박제 악어도 있었다. 이런 많은 컬렉션들 가운데 상트 페테르부르크의 표트르 대제Peter the Great, 러시아 제국 로마노프 왕조의 황제.가 모은 수집품에는 알코올에 넣어 조심스레 보관된 기형 태아도 있었다. 피렌체의 스페콜라 박물관Museo della Specola에 소장된 밀랍 인형들은 해부학의 경이를 보여주는 컬렉션으로 극 사실주의의 걸작인 나체를 전시한다. 내장이 제거된 나체는 분홍색에서 암적색까지, 그리고 갈색의 창자와 간, 폐, 위, 비장까지 다양한 색조들의 교향곡을 연출한다. 분더카메른에 있던 유물들 중 오늘날까지 남아 있는 것들은 주로 그림 혹은 동판화들이다.

어떤 분더카메른은 수백 개의 작은 선반에 돌멩이나 조개껍데기들, 희귀 동물들의 뼈를 진열하거나 존재하지 않는 동물들도 능히 창조할 수 있을 것 같은 박제사들의 걸작품들을 전시했다. 또 다른 분더카메른은 모형 박물관 같다. 칸막이가 있는 진열장 안에 여러 물품들이 들어 있는데, 이 물품들은 원래의 맥락에서 벗어나 무의미해 보이거나, 앞뒤가 맞지 않는 이야기를 들려주는 듯한 인상도 준다. 데 세피부스de Sepibus의 『유명한 박물관Museum Celeberrimum』과 보난니Bonanni의 『키르허의 박물관Museum Kircherianum』처럼.

사진이 들어간 카탈로그를 보면, 우리는 로마 대학의 아타나시우스 키르허Father Athanasius Kircher가 로마 대학에서 모은 수집품들의 품목을 알 수 있다. 거기에는 고대 조각상과 이교도 제의 용품, 부적, 중국 신상, 봉헌탁자, 브라마Brahma, 힌두교의 창조 신.의 50형상을 보여주는 명판 두 장, 로마 시대 무덤의 비문, 손전등, 반지, 인장, 쥠쇠, 팔찌, 문진, 종 그리고 표면에 이상한 현상이 자연적으로 새겨진 돌과 화석, 세계의 다양한 지역에서 구해온 이국적인 물건들, 사람을 잡아먹은 뒤 그 희생자들의 치아로 장식한 브라질 원주민들의 벨트, 이국적인 새와 그 밖의 박제 동물, 야자나무 잎으로 만든 말라바르의 책, 터키 공예품, 중국 저울, 야만인의 무기, 인도 과일, 이집트 미라의 발, 40일에서 7개월까지의 태아들, 독수리와 후투티hoopoe, 조류명., 까치, 개똥지빠귀, 브라질 원숭이, 고양이, 쥐, 두더지, 고슴도치, 개구리, 카멜레온, 상어의 뼈대, 해양 식물들, 바다표범의 이빨, 악어, 아르마딜로, 타란툴라 거미, 하마의 머리, 코뿔소의 뿔, 방향성 용액이 든 병에 보존된 괴물 같은 개, 거인의 뼈, 악기와 수학용 도구, 영구 운동에 관한 실험 계획서, 아르키메데스와 알렉산드리아의 헤론Heron of Alexandria, 그리스의 기계학자, 물리학자, 수학자.이 만든 기계들의 맥을 잇는 소형 로봇과 기타 장치들, 작은 코끼리 모형 하나로 수를 부풀려 '아시아와 아프리카 곳곳에서 모아온 듯한 코끼리 떼의 심상을 복원하는' 팔각

반사 장치, 유압식 기계, 망원경 및 현미경과 그것으로 관찰한 곤충, 지구본, 혼천의, 아스트롤라베astrolabe, 과거 천문 관측에 쓰이던 장치., 평면 천체도, 해시계, 물시계, 기계 시계, 자석 시계, 렌즈, 모래시계, 온도계와 습도계들, 산과 절벽 그림, 골짜기의 풍동風洞, 인공으로 바람을 일으켜 기류가 물체에 미치는 작용이나 영향을 실험하는 터널형의 장치. 그림, 나무가 우거진 미로 그림, 거품이 이는 파도 그림, 소용돌이 그림, 언덕 그림, 건물 투시도, 유적 그림, 고대 기념비 그림, 전투 장면, 대학살 장면, 결투 장면, 승리 장면, 궁전의 모습, 성서의 신비로운 장면 그리고 신들의 초상을 담은 다양한 그림과 이미지가 포함되어 있다.

나는 『푸코의 진자』에서 내 등장인물이 기술공예박물관의 삭막한 통로를 거니는 장면을 상상하는 게 대단히 즐겁다. 이 박물관은 기술의 역사를 수집해놓은 곳인데, 방문객들은 더 이상 그곳의 구식 기계 장치들이 어떤 기능을 하는지 잘 모르기 때문에 박물관 전체가 바로크 시대의 분더카메른처럼 보인다. 그래서 방문객들은 미지의 인조 괴물에게 위협받는다는 느낌을 짙게 받다가, 환각에 사로잡혀 끊이지 않는 피해망상과 같은 공상에 빠져든다.

바닥에는 자전거, 말이 필요 없는 마차인 자동차, 증기 기관 같은 육상 교통 기관이 전시되어 있고, 천장에는 날틀이 매달려 있다. 이러한 기계 중 일부는 세월의 풍상에 칠이 벗겨지고 부식된 데가 있기는 하나 대부분은 대체로 말짱하다. 자연광과 전등의 불빛 덕에 기계 표면에는 바이올린 광택제인 파티나를 칠한 것 같다. 뼈대나 굴대, 연접봉이나 크랭크만 매달려 있기도 한데 이러한 전시품들은 견딜 수 없이 잔인한 고문실을 연상시킨다. 가만히 보고 있으면 피의자를 고문대에 묶어놓고 맨살을 꼬챙이로 푹푹 쑤시면서 기어이 자백을 받아내는 악질 관리의 고문 장면이 펼쳐지는 듯하다.

한때는 움직였으나 지금은 움직이기는커녕 그 정신마저 녹슬어 그저 관광객의 구경거리나 되고 싶어서 안달을 부리는 기계 공학적 자존심의 견본에 불과한 이러한 옛날 기계 너머에는 성가대석이 있다. 성가대 왼쪽에는 바르톨디가 신세계를 위해서 제작한 자유의 여신상을 축소시킨 모형이 있고, 오른쪽에는 파스칼 상이 있어서 마치 성가대석을 에워싸고 있는 것 같다. 흔들리고 있는 진자 둘레엔 정신이 이상해진 곤충학자들의 악몽(집게, 아래턱, 더듬이, 편절, 날개) 그리고 시체가 되어 있기는 하나 언제든 때가 되면 부르릉거리며 돌아갈 것 같은 기계(자석식 발전기, 단상 변압기, 터빈, 변류기, 증기 기관, 다이나모 발전기)의 묘지가 있다. 그 뒤쪽의 회랑에는 한때는 항공기의 엔진이었을 터인 아시리아나 칼데아나 카르타고의 우상, 지금도 배가 시뻘겋게 달아 있는 듯한 바알 상, 가슴에 못 자국이 남은 뉘른베르크의 처녀도 보인다. 이제 이 모든 물건은 진자를 섬기기 위해 그 자리에 놓인 환상의 왕관이다. 이곳은 따라서 '전통'과 '지식'의 상징 그 자체를 영원히 파수해온 '이성'과 '빛'의 자손들을 처단하는 형장이다.

……(중략)……

이어서 유리 제품 전시장. 오후에 돌아보았던 곳으로 되돌아온 셈이었다. 녹색의 조그만 병, 나에게 '제5원소'의 진국을 권하는 어느 사디스트. 두 개의 크랭크로 개폐되게 만들어진 병을 찍어내는 철제 기구. 병 대신에 손목을 집어넣으면? 싹둑! 거대한 가위 같은 대형 집게에 넣어도 결과는 같을 것이다. 항문이나 귀에다 찔러 넣을 수도 있고, 아스타르테 여신에게 바칠, 꿀과 후추를 넣고 빵을 태아를 꺼내는 데 요긴하게 쓰일 듯한, 구부러진 메스……. 내가 가로질러 가고 있는 전시실에는 큼직한 진열 상자가 많았다. 한 상자 안에는 나선상의 타래송곳과 끝을 조종할 수 있는 단추가 달려 있었다. 단추로 조종하면 타래송곳 끝은 흡사 구덩이에 늘어뜨려진 진자처럼 사정없이 희생자의 눈을 찌르고 들어갈 터이다. 이윽고 서툴게 그려진 풍자화 같은 기계들이 등장한다. 골든버그의 황당무계한 기계들, 빅 피트가 미키 마우스를 묶어놓은 고문용 압착기, '세 개의 소형 톱니바퀴를 거느린 톱니바퀴', 브랑카, 라멜리, 종카 같은 이들에 의해 이루어진 르네상스 기계 공학의 결정……. 준비는 끝났다. 모든 것은 준비되어 있다. 이런 기계들은 어느 누군가의 신호를 기다리고 있다. 모든 것은 일목요연하게 정리되어 있고 '계획'은 이제 공개된 셈이다. 그런데 아무도 그것을 눈치 채지 못했다. 때가 오면 기계들은 일제히 입을 벌려, 세계 제패의 찬가를 부를 것인즉, 톱니는 정확하게 맞물려 돌아가고, 입이 덜거덕거리면서 노래를 부르는 날은 바야흐로 기계 입을 위한 홍청망청한 잔치 마당이 될 터이다.

이윽고 에펠탑을 위해 고안된, '긴급 섬광 발신 장치' 앞에 섰다. 프랑스에서 튀니지, 러시아, 프로뱅의 성전 기사단, 파울리키아누스, 페즈의 '암살단'으로 시보를 보내는 장치이다(사실 페즈는 튀니지에 있는 것도 아니고, 암살단이 있는 곳도 페즈가 아니라 페르시아다. 그러나 '초월적인 시간'의 코일 속에서 이렇게 하찮은 것은 문제가 되지 않는다). 나는, 벽에 여러 개의 공기구멍이 나 있는, 내 키보다 큰 이 기계를 본 적이 있다. 설명문에는 전파 송신 장치라고 쓰여 있으나 나는 알고 있다. 오후에도 그 기계를 본 적이 있다. 그렇다. 보부르 센터를 말하는 것이다!

그것도 누구나 볼 수 있게 공개돼 있다. 이 거대한 상자가 하필이면 왜 한때 파리의 복부 노릇을 하던 루테티아(지하 수렁으로 통하는 승강구)의 중심에 있는 것일까? 보부르는, 환기구, 거미줄 같은 파이프, 무수한 도관이 모여 있는 곳, 말하자면 하늘로 열린 디오니소스의 귀가 소리와 신호와 메시지를 받아, 이것을 지구의 중심으로 보냈다가 되받는, 다시 말해서 지옥의 정보를 토하는 곳은 아닐까? 이 모든 정보가 연구소 노릇을 하는 박물관으로 들어와 탐침 노릇을 하는 에펠탑으로 보내어졌다가 다시, 지구의 송신기와 수신기라고 할 수 있는 보부르로 가는 것은 아닐까? 이렇게 어마어마한 정보 흡입 장치가, 지저분한 대학생들이 일제 라디오 헤드폰으로 최신곡이나 들으면서 시간이나 때우라고 세워졌을 리 있겠는가? 그것도 모두가 볼 수 있는 장소에? 보부르는 아가르타 지하 왕국으로 내려가는 입구, 저 부활한 성전 기사단에 의한 과두체 '트레스'의 기념비임에 분명하다! 그들을 제한 세계의 20억, 30억 또는 40억 인구는 이것을 알지 못했거나, 전혀 다른 물건이라고 생각한 게 분명하다.[23]

속성의 목록에 의한 정의 vs. 본질에 의한 정의

호메로스가 방패를 형태로 묘사할 수 있었던 이유는 그 사회의 생활상을 정확히 알았기 때문이다. 전사들을 그냥 열거만 한 까닭은 전사의 수가 얼마나 되는지 몰랐기 때문이다. 이와 같이 형태는 성숙한 문화의 특징이고, 그 문화는 자신들이 성공적으로 탐험하고 정의한 세계를 잘 안다고 할 수 있다. 반면 목록은 원시적 문화의 전형이다. 원시적 문화는 아직 우주에 대한 상이 모호하고, 할 수 있는 한 우주의 많은 속성들을 항목으로 정리하기 위해 노력하지만 그러한 항목들 사이에 위계적 관계를 세우지는 못한다. 아래의 대략적인 설명을 보면 이 말을 이해할 것이다. 하지만 목록은 중세 시대(이 시기의 위대한 신학대전들과 백과사전 등은 물질적이고 영적인 우주에 대해 명확한 형태를 제시하고 있다고 주장했다)에도, 르네상스 시대와 바로크 시대(이 시기 우주의 형태는 새로운 천문학이 제시한 형태였다)에도 그리고 특히 근대와 포스트모던 세계에도 계속해서 다시 등장한다.

고대 그리스 이후 모든 철학과 과학이 품은 꿈은 사물을 '본질'로서 이해하고 정의하는 것이었다. 아리스토텔레스와 함께 시작된 본질에 대한 정의는 주어진 사물을 정해진 종種의 한 개체로 규정하고, 다시 그 종을 정해진 유類, 혹은 속屬.의 일부로 규정하는 것을 의미했다.[24]

여기까지는 현대 분류학에서 동물과 식물을 규정하는 과정과 같다. 물론 강綱과 아강亞綱의 체계는 이보다 복잡하다. 예를 들어 호랑이는 호랑이종, 표범속, 고양잇과,

식육아목, 식육목, 진수아강, 포유강이다.

오리너구리는 '단공류單孔類, 알을 낳는 포유류를 말한다.'이다. 하지만 오리너구리가 발견된 때부터 단공류로 정의되기까지는 80년이라는 시간이 걸렸다. 그 기간 동안 과학자들은 이 동물을 어떻게 분류해야 할지 고심해야 했다. 결국 단공류라는 결정을 내리기 전까지, 이 동물은 혼란스럽게도 두더지만 한 크기에 작은 눈과 오리 같은 부리, 꼬리, 수영을 하거나 굴을 팔 때 쓰는 발, 네 개의 발톱이 피부막으로 연결된 앞발(뒷발의 발톱을 연결하는 피부막보다 더 크다), 알을 낳는 능력 그리고 포유동물처럼 유선으로 젖을 먹이는 능력이 있는 동물로 남아 있었다.

전문가가 아닌 사람들이 오리너구리를 보면 정확히 이런 식으로 얘기할 것이다. 이렇게 뒤죽박죽되어 있는 속성들을 들려주면 과학자가 아닌 사람이라도 그것이 오리너구리의 속성이지 황소를 말하는 게 아니라는 걸 알 수 있다. 하지만 '단공목 포유류'라는 정의를 들려주면, (과학적 분류학에 대한 지식이 전혀 없는 사람들은) 그게 오리너구리인지 캥거루인지 구분하기 힘들 것이다. 아이가 호랑이는 어떤 동물이며 어떻게 생겼냐고 물었을 때 엄마가

'식육'아목亞目이나 '식육'목目의 포유류라고 대답할 가능성은 별로 없다. 그보다는 사나운 맹수이고, 고양이처럼 생겼지만 더 크며, 매우 날쌔고, 노란색과 검정색 줄무늬가 있고, 밀림에 서식하며, 때로는 사람도 잡아먹는다는 등의 대답을 할 것이다.

본질에 의한 정의는 실체substance에 대해 사색하여 우리가 그 실체, 이를테면 '살아 있는 존재'나 '동물', '식물' 혹은 '광물' 등의 전부를 안다고 추정하는 것이다. 아리스토텔레스는 이에 비해 속성에 의한 정의는 우연한 정의이고, 우연은 무수하다고 말한다. 본질에 의한 정의에 따르면 호랑이는 '동물'계 '척삭동물脊索動物, 동물분류학상의 한 문門, 발생 초기의 배胚에 척삭脊索이 형성되기 때문에 이런 이름이 붙었다.'에 속하고, 호랑이라는 종이 두루 지닌 속성들로 특징지어진다. 즉 다리가 네 개이고, 커다란 고양이처럼 생겼고, 줄무늬가 있고, 평균적으로 무겁고, 으르렁거리고, 평균 수명이 꽤 길다. 하지만 호랑이는 네로 시대의 어느 특정한 날에 로마 대경기장에 있던 호랑이일 수도 있고, 1846년 5월 24일에 영국군 장교 퍼거슨Ferguson이 죽인 호랑이일 수도 있으며, 그 밖의 무수히 많은 우연적 특성을 지닌 동물일 수도 있다. 실제로 우리는 사물을 본질로 정의하는 일이 별로 없다. 그보다는 속성 목록을 이야기하곤 한다. 그렇기 때문에 무수한 속성들을 늘어놓음으로써 대상을 정의하는 목록은, 어지러워 보이기는 해도 일상생활에서(과학계에서는 아닐지라도) 우리가 사물을 규정하고 인식하는 방법에 더 가까워 보인다.[25]

축적이나 일련의 속성에 의한 묘사는 사전이 아니라 일종의 백과사전을 전제로 한다. 그 백과사전은 절대 끝이 없고, 주어진 문화의 구성원들은 각자의 능력에 따라 오직 부분적으로만 그 내용을 배우고 익힌다.

묘사를 할 때 속성을 사용한다면, 우리는 아직 종과 유의 위계가 형성되지 않은, 그리고 본질에 의한 정의를 갖지 못한 원시적 문화에 속해 있는 것이다. 하지만 사실 본질적 정의가 존재하는 성숙한 문화 역시 그에 만족하지 못하고 현존하는 정의에 의문을 제기하거나, 새로운 속성들을 찾아냄으로써 백과사전의 해당 항목 안에 더 많은 지식을 저장하기 위해 노력한다.

이탈리아 수사학자 에마누엘레 테사우로Emanuele Tesauro는 『아리스토텔레스의 망원경Il Cannocchiale aristotelico, 1665』에서 알려진 정보들 사이의 알려지지 않은 관계를 발견하기 위한 방식으로 은유의 모델을 제시한다. 알려진 것들의 목록을 작성하여 그 목록을 바탕으로 은유적 상상력을 발휘함으로써 새로운 유사성과 연관성을 찾아내는 방법이다. 이런 방식으로 테사우로는 범주의 색인Categorical Index이라는 개념을 만들었다. 범주의 색인은 방대한 사전처럼 보이지만 사실 일련의 우연적 속성들이다. 그는 자신의 색인을(그러한 '기막힌' 생각에 바로크적 만족을 담아) '진정 비밀스러운 비밀'이자 '다양한 범주들 안에 숨어 있는 대상들을 드러내서 서로 비교하기 위한' 필수적 도구로 제시했다. 다시 말해서, 이 색인에는 유추와 유사성을 찾아내는 힘이 있고, 모든 대상이 그 나름의 범주 안에만 분류되어 있었다면 그러한 유추와 유사성은 눈에 띄지 않고 묻혀버렸을 것이라는 뜻이다.

여기서 내가 할 수 있는 일은, 끝없이 이어질 수도 있을 것만 같은 테사우로의 목록 몇 가지를 간략히 제시하는 것뿐이다. 그가 말하는 '실체' 목록은 활짝 열려 있다. 여기에는 성인聖人과 관념, 전설 속의 신들, 천사, 악마 그리고 영혼 등이 포함된다. '하늘' 범주에는 떠도는 별들,

12궁, 증기, 증발한 물질, 운석, 혜성, 번개와 바람이 포함된다. '땅' 범주에는 밭, 황무지, 산, 언덕, 벼랑 등이, '물체' 범주에는 돌, 보석, 금속, 풀이, '수학' 범주에는 구, 나침반, 정사각형 등이 포함된다. 마찬가지로 '양'이라는 범주에서 '부피의 양' 항목에는 작은 것, 큰 것, 긴 것, 짧은 것이, '무게의 양' 항목에는 가벼운 것과 무거운 것이 열거된다. '질'의 범주에서 '보기' 항목에는 보이는 것과 보이지 않는 것, 명백한 것, 아름다운 것, 흉한 것, 선명한 것, 흐릿한 것, 검은 것, 흰 것이, '냄새' 항목에는 향기와 악취가 들어가 있다. 이런 식으로 관계, 행동과 애정, 위치, 시간, 장소, 상태 등의 범주가 계속 이어진다. 한 가지 예를 들면, '양' 범주 밑에는 '부피의 양'이라는 하위 범주와 '작은 것들'이라는 하위 범주의 하위 범주subsubcategory가 있고, 여기에는 핀 끝에 서 있는 천사, 무형의 형태들, 지구 위의 움직이지 않는 점으로서의 극極, 천정天頂과 천저天底가 포함된다. '기본 사물' 범주에는 불꽃, 물방울, 돌 알갱이, 모래알, 보석, 원자 등이 있고, '인간' 범주에는 배아와 유산된 태아, 피그미, 난쟁이가, '동물' 범주에는 개미와 벼룩이, '식물' 범주에는 겨자씨와 빵

부스러기가, '과학' 범주에는 수학적 점이, '건축' 범주에는 피라미드 꼭대기 등이 있다.

이 목록은 운을 맞춘 것도 아니고 어떤 논리도 없다. 마치 포괄적인 지식 체계의 내용을 압축하려 했던 그 모든 바로크적인 시도들처럼 말이다. 카스파르 쇼트Caspar Schott는 그의 저서 『테크니카 쿠리오사Technica Curiosa, 1664』와 자연 주술에 관한 책 『자연과 기술에 관한 농담Joco-seriorium naturae et artis sive magiae naturalis centuriae tres, 1665』에서 어떤 책을 한 권 언급한다. 1653년 로마에서 나온 것으로 확인된 이 『인공물Artificium』이라는 책에서 저자는 44가지의 기본 부류를 소개한다.

> 기본(불, 바람, 연기, 재, 지옥, 연옥, 지구의 중심), 천체(별, 번개, 무지개), 지적 실체(신, 예수, 담론, 의견, 의심, 정신, 스트라타겜stratagem, 즉 유령), 세속적 지위(황제, 남작, 평민), 성직자 지위, 기술자(화가, 선원), 도구, 애정(사랑, 정의, 욕망), 종교, 고해성사, 법정, 군대, 의학(의사, 기아, 관장), 사나운 짐승, 조류, 파충류, 어류, 동물 부위, 가구, 음식, 음료와 액체(포도주, 맥주, 물, 버터, 밀랍, 수지), 의복, 견직물,

모직물, 범포와 기타 직물. 선박(배, 닻), 향기(계피, 초콜릿), 금속, 동전, 다양한 인공물, 돌, 보석, 나무, 열매, 공공장소, 무게, 도량, 숫자, 시간, 형용사, 부사, 전치사, 사람(대명사, '추기경 예하' 등의 칭호), 여행(건초, 길, 강도).

바로크 시대의 목록들은 키르허에서 윌킨스Wilkins까지 얼마든지 더 인용할 수 있는데, 이들 목록은 인용을 하면 할수록 더 어지러워진다. 이런 목록들은 하나같이 체계적인 정신이라고는 찾아볼 수 없다. 항목을 종과 유로 구분하는 구태의연한 분류를 피하려 했던 백과사전 편찬자들의 노력 때문일 것이다.[26]

과잉

문학적 관점에서 보면 분류에 대한 그러한 '과학적' 시도들은 작가들에게 '무절제'의 모델을 제시했다. 물론 반대로 작가들이 먼저 과학자들에게 '무절제'의 모델을 제시했다고 말할 수도 있다. 사실 한없이 이어지는 목록을 작성했던 초창기 대가 중의 한 명은 라블레였고, 그는 그런 목록을 이용하여 중세 학술 전집Medieval academic Summae의 엄격한 질서를 전복하려 했다. 목록은 고전주의 시대에는 거의 '최후의 수단pis aller'이었고, 형언하기 힘든 것들을 담는 한 방법이었으며, 발견을 향한 무언의 희망을 내비치는 지독히 고통스러운 카탈로그이자, 궁극적으론 무작위적 사건들에 질서를 부여하는 형태였다. 하지만 이 시점에서 목록은 '변형'에 대한 순수한 사랑을 위해 연출하는 시적 행위가 되었다. 라블레는 처음으로 목록을 위한 목록의 시학, 즉 '과잉excess'에 의한 목록의 시학을 도입했다.

오직 과잉에 대한 취향만이 잠바티스타 바실레Giambattista Basile 같은 바로크 시대의 우화 작가에게 영감을 줄 수 있었다. 바실레는 『이야기들의 이야기, 혹은 어린이들을 위한 오락거리Tale of Tales, or The Entertainment for Little Ones』에서 누이의 잘못으로 인해 일곱 마리의 비둘기가 된 일곱 형제의 이야기를 들려주면서, 자신의 텍스트를 수많은 새들의 이름으로 채운다.

솔개와 매, 쇠물닭, 도요새, 오색방울새, 딱따구리, 어치,

> 올빼미, 까치, 갈까마귀, 당까마귀, 찌르레기, 멧도요, 수탉, 암탉과 병아리, 수컷 칠면조, 검은지빠귀, 개똥지빠귀, 되새, 박새, 굴뚝새, 댕기물떼새, 홍방울새, 방울새, 솔잣새, 딱새, 종달새, 물떼새, 물총새, 할미새, 울새, 붉은되새, 참새, 오리, 유럽개똥지빠귀, 산비둘기, 피리새…….

로버트 버턴Robert Burton, 영국의 수필가이자 고전학자.이 그의 저서 『우울의 해부Anatomy of Melancholy, 2권 2부』에서 추한 여자를 묘사하기 위해 몇 페이지를 들여 터무니없이 많은 경멸과 모욕적 표현을 나열한 이유도 과잉에 대한 애정 때문이었다. 잠바티스타 마리노Giambattista Marino가 『아도니스Adonis』 10부에서 인간 기술의 산물들을 열거하는 데 몇 줄씩 쏟아부은 이유도 과잉을 사랑했기 때문이었다.

> 아스트롤라베와 책력, 덫, 줄과 자물쇠 여는 도구, 우리, 정신병원, 망토, 탄약통과 마대, 미궁, 다림줄과 다림대, 주사위, 카드, 공, 체스의 판과 말과 딸랑이와 도르래와 송곳, 얼레, 실패, 돛 고정용 고리, 시계, 증류기, 디캔터, 풀무와 도가니, 자루와 바람 가득한 기포, 그리고 부풀어 오른 비

늦방울, 연기 나는 탑들, 쐐기풀 잎, 호박꽃, 녹황색 깃털, 거미, 풍뎅이, 귀뚜라미, 개미, 말벌, 모기, 개똥벌레와 나방, 생쥐, 고양이, 누에, 그리고 100여 가지의 각종 장비들과 동물들, 당신이 보고 있는 이 모든 것들과 기타 이상한 환영들은 엄청나게 다양하다.[27]

빅토르 위고가 『93년2권, 3장』에서 국민 공회의 엄청난 규모를 설명할 때, 몇 페이지에 걸쳐 사람 이름을 열거하는, 흡사 기록 보관소의 명부가 될 뻔한 단락을 상상 초월의 압도적인 경험으로 표현해낸 것도 과잉을 좋아하는 취향 덕분이었다. 과장되고 과잉된 목록들은 그 자체가 과장이고 과잉이 되기도 한다.

방종이 곧 부조화를 의미하는 것은 아니다. 목록은 과잉일 수 있지만(예를 들어 가르강튀아가 즐기는 놀이 목록을 보라), 그러면서도 완전한 일관성을 지니기도 한다(놀이 목록은 소일거리들의 논리적인 열거이다). 이처럼 목록에는 '과잉 속의 일관성'을 지니는 것도 있고, 지나치게 길지는 않지만 일부러 겉으로는 아무런 연관성도 드러내지 않는 항목들의 집합체도 있다. 어떠한 논리도 제시되지 않는

이런 경우를 '혼돈스러운 열거'의 사례라고 일컫는다.[28]

아마 무절제하면서도 일관된 항목들이 성공적으로 조합된 가장 좋은 예는 에밀 졸라Emile Zola의 소설 『무레 신부의 과오La Faute de l'Abbé Mouret』에서 파라두 정원의 꽃들을 묘사한 장면일 것이다. 더없이 혼돈스러운 목록의 사례로는 작곡가 콜 포터Cole Porter의 노래 〈당신이 최고You're the Top!〉를 들 수 있다. 이 노래에 열거된 인명과 사물들은 다음과 같다.

> 콜로세움, 루브르 박물관, 스트라우스의 교향곡 멜로디, 벤델 보닛, 셰익스피어의 시, 미키 마우스, 나일 강, 피사의 사탑, 모나리자의 미소, 마하트마 간디, 나폴레옹 브랜디, 스페인 밤의 보랏빛 불, 국립 미술관, 셀로판, 칠면조 만찬, 쿨리지 달러, 프레드 애스테어의 날렵한 걸음걸이, 오닐의 드라마, 휘슬러의 엄마, 카망베르, 장미, 인페르노의 단테, 위대한 두란테의 코, 발리의 춤, 뜨거운 타말레, 천사, 보티첼리, 키츠, 셸리, 오발틴, 돛을 펴는 활대, 메이 웨스트의 어깨 너머로 뜬 달, 월도프 샐러드, 베를린의 연가, 고요한

조이데르 해 위로 미끄러지는 배, 늙은 네덜란드의 주인,
애스터 부인, 브로콜리, 로맨스…….

하지만 이 목록에도 모종의 일관성은 있다. 열거된 모든 항목들이 포터가 사랑하는 사람만큼 경이롭다고 믿는 것들이라는 일관성이다. 우리는 그가 가치 있다고 말하는 목록이 목록으로서의 식별력을 지니지 않는다고 비판할 수 있지만, 그의 논리는 비판할 수 없다.

혼돈스러운 열거는 의식의 흐름과 일치하지 않는다. 조이스의 작품에 나오는 모든 내면의 독백은, 우리가 단일 인물의 의식에서 순차적인 연상(작가가 꼭 설명할 필요가 없는)을 통해 떠올린 것이라고 추정하며 일관성을 부여하지 않았다면 전적으로 예측 불가능한 요소들의 순집합으로 남았을 것이다.

토머스 핀천Thomas Pynchon은 『중력의 무지개Gravity's Rainbow』 1장에서 타이론 슬로스롭Tyrone Slothrop의 책상이 혼돈스럽다고 묘사하는데, 막상 그 묘사는 혼돈스럽지 않다. 『율리시스』에서 블룸의 부엌에서 보이는 혼돈을 묘사할 때도 마찬가지이다. 조르주 페렉이 파리의 생 쉴피

스 광장에서 단 하루 동안 본 것들을 적은 무제한적인 목록(『어느 파리 지역의 완벽한 묘사 시도Tentative d'épuisement d'un lieu parisien』)이 일관적인지 혼돈스러운지는 말하기 어렵다. 목록은 무작위적이고 무질서하다. 그날 광장에서는 의심할 나위 없이 페렉이 보지 못하고 기록하지 않은 무수히 많은 사건들이 벌어졌을 것이다. 하지만 다른 한편, 그가 알아챈 것들만 담고 있다는 사실로 인해 목록은 당혹스럽지만 동질성을 안고 있다.

과잉이지만 일관된 목록들에는 알프레드 되블린Alfred Döblin, 독일의 소설가이자 의사.의 소설 『베를린 알렉산더 광장Berlin Alexanderplatz』에 나오는 도축장 묘사도 포함될 것이다. 원론적으로라면 이 단락은 도살장이라는 한 공간과 그 안에서 일어나는 작업들에 대한 질서정연한 묘사여야 한다. 하지만 독자는 빽빽이 들어찬 세부 묘사와 수치 자료, 자극적인 피, 겁먹은 새끼 돼지 떼 등에 에워싸여, 공간의 구조나 논리적인 움직임의 순서들을 제대로 인지하지 못한다. 되블린이 묘사한 도살장이 소름 끼치게 다가오는 이유는, 세세한 정보들이 너무도 압도적인 덩어리가 되어 독자들을 망연자실하게 만들기 때문이다. 어떤 있음

직한 질서들도, 미래의 도살장들을 예언적으로 암시하는 광적인 잔인성의 무질서 안에서 간단히 허물어진다.

되블린의 도살장 묘사는 슬로스롭의 책상을 설명하는 핀천의 묘사와 비슷한, 혼돈스러운 상황에 대한 혼돈스럽지 않은 표현이다. 『바우돌리노』 28장을 쓰고 있을 때 내게 영감을 준 것이 바로 그런 종류의 가짜 혼돈의 목록이었다.

바우돌리노 일행은 전설적인 요한 사제의 왕국을 향한다. 그런데 그들 앞에 갑자기 삼바티온이 나타난다. 삼바티온은, 라비가 알고 있는 전설에 따르면 물이 없는 강이다. 그곳에는 자갈과 모래만 맹렬히 쏟아져, 귀청이 찢어질 듯한 소음이 멀리까지 날아든다. 흐르는 돌들은 안식일이 시작될 때만 멈추기 때문에 그곳을 건널 수 있는 날도 안식일뿐이다.

나는 돌로 이루어진 강은 다소 혼돈스러울 거라고 생각했다. 특히 돌들의 크기와 색깔, 단단한 정도가 제각각이면 더 혼돈스러울 것 같았다. 나는 플리니우스Pliny의 『박물지Natural History』에서 돌과 다른 광물들의 놀라운 목록을 발견했다. 그 명칭들이 일제히 화음을 맞추자 더

'음악적인' 목록이 탄생했다. 다음은 내가 쓴 소설 속 목록의 일부이다.

돌들과 흙이 장엄하게 쉼 없이 흐르고 있었다. 흐르는 물속에서는 제멋대로 생긴 거대한 바위들, 고르지 않고 칼날처럼 날카롭고 비석같이 넓은 돌판들이 굴러갔고, 그리고 그것들 사이로는 자갈, 화석, 나무 우듬지, 바위 조각들이 보였다.

그것들은 마치 광풍에 떠밀리기라도 하듯 거의 같은 속도로 흘러가면서, 석회암 돌판 조각들은 서로 겹쳐서 굴러가기도 했고, 미끄러지면서 커다란 단층이 형성되기도 하여 자갈 흐름에 부딪힐 때마다 힘이 약해졌다. 반면 바위와 바위 사이로 구르는 동안 강물에 깎인 것처럼 동글동글해진 조약돌들은 높이 튀어 올랐다가 메마른 소리를 내며 다시 떨어졌고, 그 조약돌들이 다른 돌들과 충돌하면서 만들어냈던 것 같은 소용돌이에 휘말렸다. 광물 덩어리가 층층이 쌓인 한가운데와 위쪽으로 모래 바람과 석회 바람이 불었고 화산 자갈 구름, 경석輕石 거품, 모르타르 개울이 만들어졌다. 여기저기로 날리던 돌 조각들과 싸라기 같은 석탄들이 강둑 위로 다시 떨어졌다. 그래서 종종 여행자들은 돌에 맞아 얼굴이 긁히지 않도록 얼굴을 가려야만 했다.

……(중략)……

강을 따라가보기로 했다……. 그렇게 5일 낮과 한낮처럼 무더운 5일 밤을 보내고 나자 그때까지 계속 들려오던 강의 굉음이 변해가고 있다는 것을 깨달았다. 강은 최고 속도로 흐르고 있었다. 그 흐름 속에 진짜 강물처럼 급류가 나타났다. 급류는 현무암들을 지푸라기처럼 끌고 갔다. 꼭 멀리서 들리는 천둥 같은 소리가 들려왔다……. 그러더니 점점 더 격렬하게 흐르던 삼바티온이 수많은 작은 강들로 나누어지기 시작했다. 그 강들은 손가락들이 진흙 덩어리 속으로 들어가듯 경사진 산속으로 스며들어 갔다. 가끔 파도가 동굴 속으로 들어가기도 했고, 통행을 할 수 있을 것 같은, 일종의 바위 길에서 요란한 소리를 내며 밖으로 나와서 거세게 계곡으로 흘러들어 가기도 했다. 터번 같은 자갈들이 강가에 와 부딪혀서 아무도 지나갈 수 없게 되었기 때문에 그들은 어쩔 수 없이 멀리 돌아가야 했는데, 그렇게 돌아가서 고원 위에 도착했을 때 삼바티온이 (그들의 눈 밑에서) 지옥의 협곡으로 사라져버리는 것을 발견했다.

그것은 폭포들이었는데, 원형극장처럼 만들어진 10여 개의 암벽 처마 끝에서 떨어져 내려 거대한 최후의 소용돌이 속으로 들어갔다. 그 속에서는 화강암이 끊임없이 솟아올랐고, 역청이 용솟음쳤으며, 명반석들이 파도처럼 일렁거렸고, 점판암들이 끓듯이 솟구쳤고, 웅황雄黃이 물가로 튀어나와 부서졌다. 그리고 소용돌이가 하늘을 향해 분출하는 물질들 위에서, 그러나 탑처럼 높은 곳에서 내려다보는 사람의 눈으로 볼 때는 낮은 곳에서, 햇빛이 거대한 무지개를 만들어 그 광물질 방울들 위에다 걸쳐놓는 형상이었다. 모든 물체가 자신의 성질과는 다른 눈부신 빛들을 반사했기 때문에 그 무지개는 대개 비 온 뒤 하늘에 뜨는 것보다 훨씬 더 다양한 색깔이 되었다. 비 온 뒤 나타나는 무지개들과는 달리 영원히 사라지지 않고 빛날 운명인 것 같았다.

그 무지개는 적철광과 진사에서 나오는 붉은빛, 강철같이 반짝거리는 먹물빛, 웅황의 입자들이 움직이면서 빚어내는 노란색에서 선명한 오렌지색에 이르는 빛, 남동석藍銅石의 하늘색, 석회질만 남은 조개껍질의 하얀색, 공작석의 초록빛, 갈수록 희미해지는 산화납의 빛바랜 색, 계관석 결정들의 번쩍거리는 빛, 짙은 초록색 흙덩이가 크리스콜라 가루로 되면서 빛이 바래졌다가 명암이 다른 남색과 보라색으로 옮겨가는 변덕, 위금僞金이 떨치는 위용, 불타는 백연에서 나오는 자줏빛, 산다락 수지가 타는 불꽃, 은이 든 점토의 다채로움, 설화석고의 투명함으로 이루어졌다.
거기서 울리는 천둥 같은 소리 때문에 인간의 목소리를 알아들을 수 없었다. 여행자들도 말을 하고 싶은 생각이 들지 않았다. 그들은 삼바티온의 최후를 지켜보았다. 삼바티온은 대지 속으로 사라져야 하기 때문에 성을 내고 있었다. 그것은 자신의 무기력을 있는 대로 다 표현하기 위해 자기 돌들에게 으르렁거리면서 주위에 있는 것들을 모두 끌고 가려고 애썼다.[29]

분노와 증오, 적의, 그리고 폭포처럼 쏟아지는 욕설의 과잉을 통해 혼돈스러워지는 목록도 있다. 대표적인 예가 셀린Céline의 『학살해 마땅한 것들Bagatelles pour un massacre』에 나오는 목록인데, 그는 여기에서만큼은 유대인이 아니라 소비에트 러시아를 향해 욕설을 퍼붓는다.

쿵! 쿠쿠쿵! 놈들이 쿵쿵거리고 있군! 오만방자한 것들! 귀

신같은 놈들! 4억 8,700만! 창에 찔리는 형벌을 당한 코사크쟁이들! 퍽? 퍽? 팍? 슬라보니아에서 성병에나 걸려라! 퍽! 슬라브고트의 발트 해부터 하얀 흑해 한바다까지인가? 쾅? 발칸 놈들! 비열한 놈들! 썩은 오이 같은 놈들! …… 구린내 나는 똥싸개들! 쓸모없는 것들! 난 콧방귀도 뀌지 않는다…… 난 조금도 관심 없다! 나는 그 후진 곳의 밖에 있으니까! 쇠똥들! …… 엄청나군! 볼가 멍청이들! 타타르의 물러터진 몽골 족들! …… 흉악한 스타하노프 놈들! 간사한 놈들! 40만 베르스타나 되는…… 똥딱지 같은 스텝, 하찮은 놈들! …… 나는 이곳의 그 모든 험한 베수비오 산을 건넜다! 홍수들! …… 곰팡이 핀 똥닭개! …… 네놈들의 추잡하고 음란한 똥구멍에는 차르의 요강을! …… 스타빌린! 보로시츠키! 절름발이 쓰레기들!…… 베리야 같은 놈들! …….[30]

혼돈스러운 열거

모든 열거를 혼돈스럽다고 하기는 어렵다. 특정한 관점에서 보면 어떤 열거든 어느 정도의 일관성을 갖고 있기 때문이다. 빗자루와 갈레노스Claudios Galenos, 고대 로마 시대의 해부학자이자 의학의 최고 권위자.의 미완성 전기 한 권, 알코올 용액에 보관된 태아, 그리고 (로트레아몽Lautréamont을 인용하여) 우산과 해부대를 한 목록에 모아놓아도 전혀 이상할 게 없다. 의과 대학에서 이제는 지하 보관소로 밀려난 대상들의 목록이라고 생각하면 된다. 예수와 줄리어스 시저, 키케로, 루이 9세Louis IX, 레이몬드 룰리Raymond Lully, 잔다르크Joan of Arc, 질드레Gilles de Rais, 푸른 수염이라는 별명을 가진 중세 프랑스 연쇄 살인범., 다미앵Damiens, 루이 15세를 암살하려다 실패한 프랑스인., 링컨Lincoln, 히틀러Hitler, 무솔리니Mussolini, 케네디Kennedy, 그리고 사담 후세인Saddam Hussein을 묶은 목록은, 이들이 모두 제명대로 살지 못했다는 사실을 아는 사람들에게는 동질적 컬렉션이 된다.

초현실주의자의 어지러운 목록처럼 진짜 혼돈스러운 열거의 사례를 찾으려면 랭보Rimbaud의 시 「취한 배Le Bateau Ivre」를 보면 된다. 사실 랭보와 관련하여 한 학자는 '결합성conjunctive' 열거와 '분리성disjunctive' 열거에 차이가 있을 수 있다고 말했다.[31]

지금까지 내가 인용한 글들은 모두 결합성 열거이다.

그런 목록은 모두 구체적인 맥락의 우주 안에 있으며, 따라서 목록의 요소들도 상호 일관성을 띤다. 이에 비해 분리성 열거는 대상을 산산이 조각낸다. 마치 정신분열증 환자가 이질적인 여러 느낌들을 받으며 그 느낌들 사이의 통일성을 찾지 못하는 것과 비슷하다. 레오 슈피처Leo Spitzer, 오스트리아의 어학자.는 이러한 분리성 열거에서 영감을 얻어 혼돈스러운 열거라는 개념을 끌어냈다.[32]

실제로 그는 한 예로 다음과 같이 랭보의 시, 「일뤼미나시옹Illuminations」 속의 한 구절을 인용했다.

숲에 한 마리의 새가 있다. 그 노래가 당신을 멈추게 하고 당신 얼굴을 붉게 만든다.

울리지 않는 큰 시계가 있다.

흰 동물들의 둥우리가 있는 늪지가 있다.

잡목림 속에 버려진 한 대의 작은 마차가 있다.

혹은 리본으로 장식되어 오솔길을 달려 내려오는 한 대의 작은 마차.

연극 복장을 한 작은 배우들의 무리가 숲의 가장자리를 지나가고 있다.

마지막으로 허기와 갈증을 느낄 때 당신을 뒤쫓아 오는 누군가가 있다.[33]

혼돈스러운 열거의 사례는 많은 문학작품에서 찾아볼 수 있다. 파블로 네루다Pablo Neruda에서 자크 프레베르Jacques Prévert, 초현실주의 작가 그룹에 속한 프랑스 시인. 그리고 유성 파편으로 지표면이 마구잡이로 형성되는 과정을 묘사한 칼비노의 『코스미코미케Turtle le Cosmicomics』까지 여기에 해당된다. 칼비노는 자신의 목록을 '부조리의 잡탕absurd hodgepodge'이라 일컬으며 이렇게 말한다.

> 지독히도 안 어울리는 이 대상들 사이에 불가사의한 관계가 흐르고, 그 관계의 성격은 내가 짐작해야 한다는 재미있는 상상을 했다.[34]

하지만 의심할 바 없이 부조화를 이룬 모든 목록 중에서도 가장 의도적인 혼돈 상태는 『자비로운 지식의 거룩한 시장The Celestial Emporium of Benevolent Knowledge』이라는 제목의 중국 백과사전에 수록된 동물 목록이다. 이 목록을 지어낸 사람은 보르헤스다. 미셸 푸코도 『사물의 질서The Order of Things』의 서문 도입부에서 언급한 이 목록은 동물들을 다음과 같이 분류한다.

> (a)황제에게 속한 동물 (b)방부 처리된 동물 (c)훈련된 동물 (d)젖먹이 돼지 (e)인어 (f)전설상의 동물 (g)길 잃은 개 (h)이 분류에 포함되는 동물 (i)미친 듯이 몸을 떠는 동물 (j)무수히 많은 동물 (k)가느다란 낙타털 붓으로 그려진 동물 (l)기타 동물 (m)방금 꽃병을 깬 동물 (n)멀리서 보면 파리를 닮은 동물.[35]

일관성 있는 과잉과 혼돈스러운 열거의 사례들을 곰곰이 생각해봐도, 고대의 목록들과 비교할 때 위의 목록은 뭔가 다르다. 호메로스가 목록에 의지했던 이유는 말하고자 하는 주제를 충분히 보여줄 단어들이 부족했고, 형언불가의 토포스가 수세기 동안 목록의 시학을 지배했기 때문이다. 하지만 조이스와 보르헤스가 만들어낸 목록들을 보면 말로 어떻게 표현해야 할지 몰라서 그런 목록을 내놓은 게 아니었다. 그들은 과잉에 대한 애정과 충동적인 오만, 단어에 대한 탐욕 그리고 무한한 열거가 주는 쾌락(그리고 드물게는 강박적인), 과학을 향한 욕심에서 사물을 말하고 싶었던 것이다. 목록은 세계를 개편하는 방법이 되어, 이질적인 사물들 사이에서 새로운 관계를 끌어내기 위해, 그리고 어쨌든 상식이라 통용되는 것들에 의구심을 던지기 위해 속성의 축적이라는 테사우로의 방법론을 실천한다.

이렇게 해서 혼돈스러운 목록은 미래주의Futurism와 입체주의Cubism, 다다이즘Dadaism, 초현실주의Surrealism 그리고 신사실주의New Realism가 다양한 방식으로 추구했던 것처럼 형태를 해체하는 하나의 방식이 된다. 나아가 보르헤스의 목록은 모든 조화의 기준에 도전할 뿐 아니라, 의도적으로 집합론의 역설을 즐긴다. 사실 그의 목록은 조화의 합리적인 기준을 일체 부정한다. 도대체 무슨 의미로 '기타 동물'을 부가 요소들의 자리인 목록의 맨 끝이 아니라 목록 자체의 항목들 '사이에' 집어넣었는지 이해할 수 없기 때문이다. 그뿐 아니다. 목록을 정말로 불안하게 만드는 것은 분류 항목들 중에 '이 분류에 포함되는 동물'이 있다는 사실이다.

수리 논리학을 공부하는 학생이라면 여기에서 젊은 시절의 버트런드 러셀Bertrand Russell이 프레게Frege, 독일의 수학자, 논리학자.의 이론에 반대하여 만들어낸 역설을 한눈에 알아챌 것이다.

> 자신을 원소로 갖지 않는 집합이 표준이고(모든 고양이가 포함된 집합은 고양이가 아니라 개념이다) 자신을 원소로 갖는 집합이 비표준이라면(모든 개념이 포함된 집합은 개념이다), '모든 표준 집합의 집합'은 어떻게 정의할 것인가?

그 집합이 표준 집합이라면 불완전한 집합일 것이다. 왜냐하면 그 집합은 자기 자신을 포함하지 않기 때문이다. 그 집합이 비표준 집합이라면 비논리적인 집합일 것이다. 왜냐하면 모든 표준 집합 사이에 비표준 집합이 들어 있기 때문이다. 보르헤스의 분류는 이러한 역설로 장난을 친다. 동물 분류가 표준 집합이라면 그 자신을 포함해서는 안 되지만 보르헤스의 목록에는 그 자신이 포함된다. 또는 동물 분류가 비표준 집합이라면 그 목록은 모순이다. 동물들 사이에 동물이 아닌 것, 즉 집합이 들어가 있기 때문이다.

나는 내가 '정말로' 혼돈스러운 목록을 설계한 적이 있었는지 의문이다. 이런 의문에 답하는 대신 진정으로 혼돈스러운 목록은 오직 시로만 작성될 수 있다고 말하고 싶다. 소설가들은 정해진 시간과 공간 안에서 일어나는 일들을 얘기해야 하고, 그 과정에서 일종의 뼈대를 설계하여 어떤 부조화적 요소도 뼈대 안에서 어떤 식으로든 다른 모든 요소들과 '접착면'을 갖도록 해야 하기 때문이다. 일례로 『로아나 여왕의 신비한 불꽃』에 나오는 주인공 얌보의 의식 흐름을 들 수 있다. 얌보는 사생활에 대한 기억은 잃어버리고 문화적 지식에 관련된 기억만 남은 인물이다. 그는 기억에 집착하지만 자신이나 가족에 대해서는 아무것도 떠올리지 못한다. 한순간 그는 일종의 망상에 사로잡혀 전혀 앞뒤가 맞지 않는 잡다한 시적 인용구들을 만들어낸다. 그 목록은 혼돈 그 자체로 보인다. 내가 불러일으키고 싶었던 감각은 정확히 그러한 정신적 혼돈이었다. 하지만 내 등장인물의 생각들이 혼돈스럽다면, 목록은 그보다 더 혼돈스러워야 했다. 엄청난 충격을 받은 마음을 표현하는 게 목록의 의도였기 때문이다.

나는 아이들을 쓰다듬으면서 냄새를 맡았다. 아주 부드럽다는 것 말고는 무어라 규정할 수 없는 냄새였다. 그저 이런 문장만이 뇌리에 떠올랐다. 아이들의 살처럼 풋풋한 향내가 있다. 그러고 보니 내 머릿속은 비어 있지 않았다. 내 것이 아닌 기억들이 소용돌이치고 있었던 것이다. 우리 인생길의 중턱에서 후작 부인은 5시에 나갔고, 아브라함은 이삭을 낳고 이삭은 야곱을 낳았으며 야곱은 라만차의 기사를 낳았고, 내가 진자를 본 것은 바로 그때였고, 미소와 눈물 사이에, 코모 호수의 지류 기슭에서는 밤늦게 귀여운 새들이 지저귀고, 어둑한 샤논 강의 사나운 물결 위로 지난해의 눈들이 부드럽게 날리고, 영국 신사들이여, 나는 일찍 잠자리에 들었다 (messieurs les Anglais je me suis couché de bonne heure), 하지만 말로는 오가는 여인들을 치유할 수 없고, 이제 우리는 이탈리아를 만들거나 키스는 키스일 뿐, 주사위, 너마저(tu quoque alea), 특징 없는 남자는 싸우다 도망가네, 이탈리아의 형제들이여 그대가 조국을 위해 무엇을 할 수 있냐고 묻지 마라, 이랑을 짓는 쟁기는 굴하지 않고 싸울 것이고, 내 말은 다른 이름으로 불리는 코라는 뜻이고, 이제 이탈리아가 만들어지고 나머지는 부수적인 것이다, 비 내리는 파리에서 내 영혼이 정화된다 (mi espíritu se purifica en Paris con aguacero), 햇빛에 미친 말을 우리에게 요구하지 말 것, 우리는 그늘에서 전투를 치를 것이고 느닷없이 저녁이다, 내 심장에 세 여인이 팔을 두르고 나는 노래하네, 오 발렌티노, 발렌티노 너는 왜, 행복한 가정에서는 으레 신부에게 신랑 얘기를 한다더군, 이보게 귀도, 나는 어머니가 오늘 돌아가시기를 바란다네, 남자의 첫 번째 불복종에 몸이 떨리는 걸 느끼고, 음악 소리에 비둘기들이 노닐고(de la musique où marchent des colombes), 레몬 꽃이 피는 곳에 작은 책을 두어라, 옛날 옛적에 펠레우스의 아들 아킬레스가 살았네, 그리고 지구는 형태가 없고 사람은 너무 많았지, 빛을, 더 많은 빛을, 모두의 위로 (Licht mehr licht über alles), 백작부인, 인생이 대체 무엇인가? 질은 굴러 떨어진다. 그리고 수많은 이름, 이름, 이름들. 안젤로 달 오카 비앙카, 브러멜 경, 핀다로스, 플로베르, 디즈레일리, 레미조 체나, 쥐라기, 파토리, 스트라파롤라와 유쾌한 야화, 퐁파두르 후작 부인, 스미스

앤 웨슨, 로자 룩셈부르크, 체노 코시니, 팔마 일 베키오, 아르케올테 릭스, 치체루아키오, 마태오 마르코 루가 요한, 피노키오, 쥐스틴, 마리아 고레티, 손톱에 똥이 묻은 탕녀 타이스, 골다공증, 성 오노레, 박트리아 엑바타나 페르세폴리스 수사 아르벨라. 알렉산드로스 대왕과 고르디아스의 매듭. 백과사전이 낱장으로 흩어져 나를 덮치고 있었다. 나는 벌떼에 둘러싸인 사람처럼 손을 내저었다.[36]

매스미디어 목록

목록의 시학은 대중문화의 많은 측면에 스며들었지만, 그 의도는 아방가르드 예술의 의도와 다르다. 영화 〈지그펠드 폴리스Ziegfeld Follies, 1945〉에서 타조 깃털로 장식한 여자들이 계단을 내려오는 장면, 〈수영하는 미녀Bathing Beauty, 1944〉에서 나오는 유명한 수중 발레 장면, 〈풋라이트 퍼레이드Footlight Parade, 1933〉에서 춤추는 여자들의 행진 장면, 또는 〈로버타Roberta, 1935〉에서 모델들이 줄지어 지나가는 장면처럼 영화의 특성을 갖고 있는 시각적 목록이나 유명 디자이너들의 현대식 패션쇼를 떠올려보기만 하면 된다.

여기서 매혹적인 여성들의 행렬은 단지 풍부한 느낌, 즉 블록버스터에 대한 욕구를 충족하는 데 필요한 요소를 제공하려는 의도이며, 매혹적인 여자를 한 명이 아니라 여러 명 보여주기 위해 그리고 무궁무진하게 비축된 관능적 매력을 이용자들에게 제공하기 위해 만들어진다. 과거의 군주들이 치렁치렁한 장신구들로 자신을 꾸몄던 것과 비슷하다. 여기서 목록의 기법은 사회적 질서에 의혹을 던지기 위해 만들어진 것이 아니다. 반대로 누구나 누릴 수 있는 풍요와 소비의 우주가 질서정연한 사회의 유일한 모델이라는 것을 재차 강조하는 데 목적이 있다.

다양하게 제공되는 미美의 목록은 매스미디어를 만들어낸 사회의 특징들과 관련이 있다. 이 부분에서 생각나는 사람은 칼 마르크스Karl Marx다. 그는 『자본론Das Kapital』의 앞부분에서 이렇게 말한다.

> 자본주의 생산 양식이 지배하는 사회에서 부는 엄청난 상품들의 축적으로 그 스스로를 드러낸다.

화려한 물건들이 전시된 상점 진열장을 생각해보자.

진열장은 상점 안에 그보다 더 많은 물건들이 있다는 사실을 전달한다. 전 세계의 상품들이 모이는 무역 박람회와 발터 벤야민Walter Benjamin, 독일의 문학 평론가 겸 철학자.이 찬사를 보낸 파리 아케이드Parisian arcade, 유리 천장과 상감 세공된 대리석 벽으로 둘러싸인 통로로 그 안에 낮고 우아한 상점들이 늘어서 있으며, 19세기 파리 관광 안내 책자에 세계의 축소판으로 묘사되어 있다. 그리고 그 자체가 하나의 목록인 백화점(에밀 졸라가 소설 『숙녀들의 행복을 위하여Au Bonheur des dames』에서 극찬한)도 마찬가지이다. 주로 1930년대의 기념품들을 마치 고고학 발굴처럼 되살리는 『로아나 여왕의 신비한 불꽃』에서 나는 빈번히 카탈로그에 의지했다(이때도 정신없이 모아둔 내 수집품들은 혼돈스러운 목록을 만들어냈다). 아래는 국영 라디오 방송이 내 어린 귀에 폭격한 다량의 저속한 노래들을 묘사한 단락이다.

> 마치 내가 다이얼을 돌리지 않아도 라디오가 저 혼자 나를 위해 노래하는 듯한 기분이 들었다. 나는 첫 번째 음반이 돌아가게 해놓고 창가에 기댄 채 별이 총총한 하늘을 올려다보면서, 음악 소리에 맞춰 몸을 가만가만 흔들었다. 그 멋들어진 싸구려 음악들이 내 안에 있는 무언가를 일깨우

고 있는 게 분명했다.

오늘 밤 별들은 무수히 빛나고…… 어느 날 밤 별들과 함께 너와 함께…… 별빛 아래에서 말해줘. 내게 말해줘. 사랑의 부드러운 마법에 걸린 가장 아름다운 말들을 속삭여줘…… 거기 별들이 반짝이는 앤틸리스 제도의 하늘 아래로 사랑의 향기가 무수히 퍼져나가고…… 마일루Mailù, 황금빛 별들이 꿈결에 보이듯 반짝이던 싱가포르의 하늘 아래에서 우리 사랑이 싹텄어…… 별들이 소곤대는 하늘 아래에서, 별들이 우리를 내려다보는 하늘 아래에서 그대에게 키스하고 싶어…… 함께 있을 때나 따로 있을 때나 별과 달을 보며 노래하자. 나에게 행운이 찾아올지도 모르잖아…… 항구의 달아 너는 가르쳐줘도 모르겠지만 사랑은 아름다운 거야. 베네치아야 이 어둠 속에는 너와 달밖에 없어. 우리 함께 노래를 흥얼거리자…… 헝가리의 하늘, 향수가 가득 서린 한숨. 난 한없는 사랑을 품고 널 생각해…… 나는 하늘이 언제나 파란 곳에서, 참새들이 나뭇가지 위에서 날개를 치거나 공중에서 지저귀는 소리를 들으며 이리저리 거닐고 있어…….[37]

책, 책, 책……

도서 목록은 위에서 말했듯이 실용적 목록의 예이다. 도서관의 장서들은 그 수가 한정적이기 때문이다. 물론 규모가 무한한 도서관의 카탈로그라면 예외가 될 것이다.

보르헤스가 기발하게 묘사한 바벨의 도서관에는 얼마나 많은 책이 있을까? 보르헤스의 도서관이 지닌 속성 중 하나는 25가지 철자 기호를 모든 경우의 수로 조합한 책들이 진열되어 있다는 것이다. 그 때문에 이 도서관이 예상하지 못한 기호 조합은 일체 상상할 수 없다. 1622년 파울 굴딘Paul Guldin, 스위스의 수학자이자 천문학자.은 『사물의 조합에 관한 산술적 문제Problema arithmeticum de rerum combinationibus』에서 당시 사용되던 알파벳 23자를 가지고 만들 수 있는 단어의 수가 얼마나 되는지 계산했다. 그는 알파벳 두 개로 두 글자 단어를, 세 개로 세 글자 단어를 조합하는 식으로 23개 철자 단어까지 만들었다. 조합이 되풀이되는 것은 고려하지 않았고, 조합된 단어가 말이 되는지, 또는 발음은 할 수 있는지 여부 등도 감안하지 않았다. 그렇게 계산한 결과 그가 만든 단어의 수는 70만 하고도 수십억이 넘었다(철자로 치면 1,000만 억하고도 10억 개가 넘는 것이다). 만약 1,000페이지짜리 공책에 한 쪽당 100줄이 있고, 한 줄당 60자씩 글자가 들어간다고 가정하면, 이 단어들을 모두 써넣는다고 할 때 이런 공책이 2억 5,700만×10억 권 즉 257만 조兆 개가 필요할 것이다. 또한 이 공책들을 도서관에 넣는다고 할 때, 서고의 구조가 정육면체이고 한 면의 길이가 432피트여서 각 면에 3,200만 권을 진열할 수 있다면, 그런 도서관 8,052,122,350개가 필요할 것이다. 하지만 그렇게 많은 도서관이 들어갈 땅이 어디에 있단 말인가? 지구 전체에서 이용할 수 있는 표면적을 계산해봐도, 수용 가능한 도서관은 고작 7,575,213,799개뿐이다!

마랭 메르센Marin Mersenne, 15세기 프랑스 물리학자 겸 수학자.에서 고트프리트 라이프니츠Gottfried Leibniz, 독일의 철학자이자 수학자. 미적분법의 창시자이다.에 이르기까지 많은 이들이 이런 종류의 계산을 해 보였다. 무한한 도서관이라는 꿈은 작가들에게도 무한한 제목의 목록을 써내려가게 만들었다. 그리고 그러한 무한성을 가장 확실하게 보여주는 예는 존재하지 않는, 날조된 도서명들의 목록이다. 요컨대 날조된 것들은 무한히 상상할 수 있다는 뜻이다. 이런 종류의 짜릿한 모험을 통해, 말하자면 라블레가 『팡타그뤼엘Pantagruel』에 열거한 것과 같은 생빅토르 도서관의 (가짜) 도서 목록이 탄생한다. 그 제목을 보면 구원의 막대, 법률의 앞주머니, 교회법의 실내화, 악덕의 석류, 신학의 실꾸러미, 튀르뤼팽이 쓴 설교자들의 깃털 먼지털이, 용자勇者들의 코끼리 불알, 주교들의 사리풀, 오르벨리스의 주석이 첨부된 마르모트레의 비비와 원숭이, 화류계 여성들의 옷차림에 대한 파리 대학의 시행령, 해산 중인 푸아시 수녀에게 나타난 성녀 제르트뤼드, 오르투이누스 선생 저, 모임에서 정직하게 방귀 뀌는 법, 콘스탄츠 공의회에서 10주 동안 논의된 미묘한 문제, 허공 속에서 포효하는 키메라가 2차적 의도를 먹을 수 있는가? 등등 대략 150여 개에 이른다.[38]

하지만 현기증이 이는 건 실재하는 도서 목록을 봐도 마찬가지이다. 이를테면 디오게네스 라에르티오스Diogenés Láertius, 3세기 전반경 고대 그리스의 철학사가.가 항목으로 정리하여 적은 테오프라스토스Theophrastos, 그리스의 철학자, 과학자. 플라톤과 아리스토텔레스에게 배웠으며 아리스토텔레스가 개설한 리케이온학원의 후계자가 되었다.의 책들이 그렇다. 독자는 그런 방대한 컬렉션을 생각도 하기 힘들다. 내용뿐 아니라 그저 제목만 봐도 마찬가지이다.

분석론 전서 세 권, 분석론 후서 일곱 권, 삼단 논법 분석 한 권, 분석론 개요 한 권, 사물을 기본 원리로 해석하기 위한 화제들 책 두 권, 토론에 관한 사색적인 문제 검토 한 권, 아낙사고라스의 학설에 관한 책 한 권, 아낙시메네스의 학설에 관한 책 한 권, 아르켈라오스의 학설에 관한 책 한 권, 소금과 초석, 백반에 관한 책 한 권, 석화石化에 관한 책 두 권, 보이지 않는 선에 관한 책 한 권, 청각에 관한 책 두 권, 단어에 관한 책 한 권, 덕목들의 차이점에 관한 책 한 권, 왕권에 관한 책 한 권, 왕의 교육에 관한 책 한 권, 전기 세 권, 노년에 관한 책 한 권, 데모크리토스의 우주론에 관한 책 한 권, 기상학에 관한 책 한 권, 상 또는 환영에 관한 책 한 권, 체액과 안색, 살에 관한 책 한 권, 세계의 묘사에 관한 책 한 권, 인간에 관한 책 한 권, 디오게네스의 어록집 한 권, 정의定義에 관한 책 세 권, 사랑에 관한 논문 한 편, 사랑에 관한 또 다른 논문 한 편, 행복론에 관한 책 한 권,

종에 관한 책 두 권, 간질에 관한 책 한 권, 열의에 관한 책 한 권, 엠페도클레스에 관한 책 한 권, 에피케이레메스를 다룬 책 열여덟 권, 반대에 관한 책 세 권, 자발적 행위에 관한 책 한 권, 플라톤의 국가론 요약본 두 권, 비슷한 동물들의 목소리 차이에 관한 책 한 권, 갑작스런 출현에 관한 책 한 권, 물거나 쏘는 동물에 관한 책 한 권, 질투한다고 알려진 동물에 관한 책 한 권, 건조한 땅에 사는 동물에 관한 책 한 권, 색을 바꾸는 동물에 관한 책 한 권, 구멍에 사는 동물에 관한 책 한 권, 일반적인 동물에 관한 책 일곱 권, 아리스토텔레스의 정의에 따른 쾌락론 한 권, 명제론 일흔네 권, 더위와 추위에 관한 논문 한 편, 현기증과 어지럼증 그리고 갑작스런 침침함에 관한 소논문 한 편, 땀에 관한 책 한 권, 긍정과 부정에 관한 책 한 권, 칼리스테네스 또는 애도에 관한 소논문 한 편, 노동에 관한 책 한 권, 운동에 관한 책 세 권, 돌에 관한 책 한 권, 선페스트에 관한 책 한 권, 졸도에 관한 책 한 권, 메가라 철학자들에 관한 책 한 권, 우울에 관한 책 한 권, 광산에 관한 책 두 권, 꿀에 관한 책 한 권, 메트로도로스의 학설을 다룬 책 한 권, 기상학을 논한 철학자들에 관한 책 두 권, 술취함에 관한 책 한 권, 법에 관해 알파벳 순서로 정리한 책 스물네 권, 법 요약본 열 권, 정의에 관한 책 한 권, 냄새에 관한 책 한 권, 포도주와 기름에 관한 책 한 권, 기본 명제에 관한 책 열여덟 권, 입법자에 관한 책 세 권, 정치 논문에 관한 책 여섯 권, 정치범이 생기는 사건에 관한 네 권의 참고 자료를 곁들인 정치범 논문 한 편, 최고의 헌법에 관한 책 한 권, 문제 수집에 관한 책 다섯 권, 속담에 관한 책 한 권, 응결과 융해에 관한 책 한 권, 불에 관한 책 두 권, 혼령에 관한 책 한 권, 마비에 관한 책 한 권, 질식에 관한 책 한 권, 지성의 일탈에 관한 책 한 권, 열정에 관한 책 한 권, 부호에 관한 책 한 권, 소피즘에 관한 책 두 권, 삼단 논법의 해법에 관한 책 한 권, 화제에 관한 책 두 권, 처벌에 관한 책 두 권, 머리카락에 관한 책 한 권, 폭군에 관한 책 한 권, 물에 관한 책 세 권, 수면과 꿈에 관한 책 한 권, 우정에 관한 책 세 권, 관대함에 관한 책 두 권, 자연에 관한 책 세 권, 자연 철학의 물음에 관한 책 열여덟 권, 자연 철학 개요 두 권, 다시 자연 철학에 관한 책 여덟 권, 자연 철학자들에게 부치는 논문 한 편, 식물사에 관한 책 두 권, 식물의 본원에 관한 책 여덟 권, 체액에 관한 책 다섯 권, 잘못된 쾌락에 관한 책 한 권, 영혼 관련 명제를 조사한 책 한 권, 서투르게 인용된 증거에 관한 책 한 권, 단순한 의심에 관한 책 한 권, 화성학에 관한 책 한 권, 덕에 관한 책 한 권, 기회 또는 모순이라는 제목의 책 한 권, 부정否定에 관한 책 한 권, 견해에 관한 책 한 권, 우스꽝스러운 것에 관한 책 한 권, 야회라는 제목의 책 두 권, 분류에 관한 책 두 권, 차이에 관한 책 한 권, 부당한 행위에 관한 책 한 권, 비방에 관한 책 한 권, 칭찬에 관한 책 한 권, 노련함에 관한 책 한 권, 서간문 세 권, 자가 생산 동물에 관한 책 한 권, 축제에 관한 책 한 권, 행운에 관한 책 한 권, 생략 삼단 논법에 관한 책 한 권, 발명에 관한 책 한 권, 도덕 학교에 관한 책 한 권, 도덕적 특성에 관한 책 한 권, 소동에 관한 논문 한 편, 역사서 한 권, 삼단 논법 판단에 관한 책 한 권, 아첨에 관한 책 한 권, 바다에 관한 책 한 권, 왕권과 관련해 카산드로스에게 바치는 에세이 한 편, 희극론 한 권, 운석에 관한 책 한 권, 양식에 관한 책 한 권, 어록집이라는 제목의 책 한 권, 용액론 한 권, 음악에 관한 책 세 권, 운율론 한 권, 메가클레스 한 권, 법률에 관한 책 한 권, 위법에 관한 책 한 권, 크세노크라테스의 어록과 학설집 한 권, 대화에 관한 책 한 권, 맹

세에 관한 책 한 권, 웅변적 교훈집 한 권, 부에 관한 책 한 권, 시에 관한 책 한 권, 정치·윤리·신체·욕정의 문제를 모은 책 한 권, 속담집 한 권, 보편적 문제 모음집 한 권, 자연 철학의 문제에 관한 책 한 권, 예例에 관한 책 한 권, 제안과 설명에 관한 책 한 권, 시에 관한 논문 두 편, 현자에 관한 책 한 권, 상담에 관한 책 한 권, 파격에 관한 책 한 권, 수사적 기술에 관한 책 한 권, 웅변술의 예순한 가지 수사법 모음집 한 권, 위선에 관한 책 한 권, 아리스토텔레스 또는 테오프라스토스의 주해집 여섯 권, 자연 철학에 관한 견해들 열여섯 권, 자연 철학에 관한 견해들 요약 한 권, 감사에 관한 책 한 권, 도덕적 특성들이라는 제목의 책 한 권, 진실과 거짓에 관한 책 한 권, 신성한 사물의 역사 여섯 권, 신에 관한 책 세 권, 기하학의 역사 네 권, 동물에 관한 아리스토텔레스의 저작 요약 한 권, 생략 삼단논법의 연속에 관한 책 두 권, 명제론에 관한 책 세 권, 왕권론 두 권, 원인론 한 권, 데모크리토스에 관한 책 한 권, 비방에 관한 책 한 권, 세대에 관한 책 한 권, 동물의 지능과 도덕적 특징에 관한 책 한 권, 동작에 관한 책 두 권, 시각에 관한 책 네 권, 의미에 관한 책 두 권, 결혼에 관한 책 한 권, 상대적 대

大와 소小에 관한 책 한 권, 음악에 관한 책 한 권, 신성한 행복에 관한 책 한 권, 학술원의 철학자들에게 보내는 서신 한 편, 훈계적인 논문 한 편, 최상의 시정市政에 관한 논고를 담은 책 한 권, 주해집이라는 제목의 책 한 권, 시칠리아 에트나 산의 분화구에 관한 책 한 권, 공인된 사실들에 관한 책 한 권, 자연사의 문제들에 관한 책 한 권, 지식을 얻는 다른 방법에 관한 책 한 권, 거짓말하기에 관한 책 세 권, 화제들이라는 책에 서문으로 삽입된 책 한 권, 아이스킬로스에게 보내는 서신 한 편, 천문학의 역사에 관한 책 여섯 권, 수의 증가와 관련된 산술의 역사 책 한 권, 아키카로스라는 제목의 책 한 권, 사법적 담론에 관한 책 한 권, 중상모략에 관한 책 한 권, 아스티케론과 파니아스, 니카노르에게 보낸 서신집 한 권, 경건함에 관한 책 한 권, 에비아스라는 제목의 책 한 권, 환경에 관한 책 한 권, 스스럼없는 담화라는 제목의 책 한 권, 아동 교육에 관한 책 한 권, 같은 주제를 다른 논법으로 다룬 책 한 권, 절제 혹은 덕목에 관한 논문이라는 제목으로도 불리는 교육에 관한 책 한 권, 훈계에 관한 책 한 권, 숫자에 관한 책 한 권, 삼단 논법의 진술과 관련된 정의들로 구성된 책 한 권, 천국에 관한 책 한

권, 정치학에 관한 책 한 권, 자연과 과일·동물에 관한 책 각 두 권.[39]

이 작품들은 총 203,200,908열의 줄로 이루어진다. 그러므로 이것들은 테오프라스토스가 저술한 책들이다.

『장미의 이름』에 수도원 장서관의 도서 목록을 연이어 써넣을 당시 나는 이런 목록들을 생각하고 있었던 것 같다. 내가 라블레처럼 꾸며낸 도서명들이 아니라 실제로 존재하는 책들(당시 수도원들의 장서관에 실제로 있었던)을 언급했다는 사실 때문에 도서 목록에서 받을 수 있는 기도나 주문, 호칭 기도 등의 느낌이 바뀌는 것은 아니다. 도서 목록에 대한 취향은 세르반테스에서부터 위스망스Huysmans, 프랑스의 소설가.와 칼비노에 이르기까지 많은 작가들을 매료시켰다. 애서가들은 욕망의 왕국인 〈게으름뱅이의 천국Land of Cockaigne, 16세기 플랑드르의 화가 피터 브뤼헐의 작품으로 굶주림과 힘든 노동에 지친 중세 유럽인들이 이상향으로 꿈꾼 코카인Cockaigne을 무대로 삼고 있다.〉에 대한 흥미로운 묘사를 보듯 고서점의 도서 목록(실용적 목록이 확실한)을 보면서, 마치 쥘 베른의 독자들이 조용한 심해를 탐험하고 기막힌 바다 괴물들을 마주칠 때 즐거움을 얻듯, 무한한 기쁨을 느낀다.

사실상 오늘날 명칭의 목록은 무한하다. 월드 와이드 웹World Wide Web은 말 그대로 모든 목록들의 어머니이며, 정의상 무한하다. 거미줄이자 미궁처럼 끊임없이 진화하고 있기 때문이다. 월드 와이드 웹은 가장 신비주의적인 현기증을 선사한다. 또한 거의 완전히 사실적이며, 실제로 우리를 부유하고 전능하다고 느끼게 만드는 정보의 카탈로그들을 제공한다. 유일한 문제는 그러한 정보들의 어떤 요소가 현실 세계의 데이터이고, 어떤 요소가 그렇지 않은지 알 수 없다는 점이다. 월드 와이드 웹 안에서는 더 이상 사실과 오류가 구분되지 않는다.

구글Google에서 '목록'이라는 키워드로 검색하여 거의 22억 개에 달하는 인터넷 사이트들의 목록을 찾아낸 다음에도, 여전히 새로운 목록들을 더 만들어낼 수 있을까?

하지만 목록이 무한성을 내포한다 하더라도, 너무 터무니없이 길게 이어지지 않는 것이 좋다. 나는 『장미의 이름』에서 내가 언급했던 도서명들을 몇 가지만 다시 들추어봐도 충분히 머리가 어질어질하다.

헤리포드 사람 루제로가 쓴 솔로몬의 오릉보에 대하여, 히브리어의 웅변술과 이해술, 금속에 관하여, 알쿠와리즈미가 쓴 대수학, 실리오 이탈리코가 쓴 포에니 전쟁, 라바노 마우로가 쓴 프랑크 족의 사적, 거룩한 십자가 찬미론, 플라비우스 클라우디우스 요르다누스에 의한, A부터 Z까지 알파벳 순서로 배열한, 세계와 인간의 연령에 관하여, 퀸투스 세레누스의 의약에 관하여, 현상, 아이소포스이솝Aesop의 별칭.가 쓴 동물의 성질에 관하여, 아에티쿠스 페로니무스의 우주 현상에 관하여, 아르풀쿠스 주교가 기획하고 아담나노가 받아쓴 해외의 성지에 관하여, 퀸투스 율리우스 힐라리오가 쓴 세계의 기원에 관하여, 박식가 솔리누스가 쓴 세계의 지리와 기적에 관하여, 천문학 대전…….

팡토마Fantôma, 프랑스 작가, 피에르 수베스트르와 마르셀 알랭이 1911년에 발표한 범죄모험소설 시리즈.가 나오는 소설들의 목록도 그렇다.

팡토마Fantômas, 주브형사 대 팡토마Juve contre Fantômas, 살인용 시체Le Mort qui tue, 비밀 첩보원L'Agent secret, 팡토마의 포로가 된 왕Un Roi prisonnier de Fantômas, 아파치 경찰관Le

Policier apache, 매달린 엽궐련Le Pendu de Londres, 팡토마의 딸La Fille de Fantômas, 심야의 마차Le Fiacre de nuit, 절단된 손La Main coupée, 체포된 팡토마L'Arrestation de Fantômas, 가짜 판사Le Magistrat cambrioleur, 범죄의 삶La Vivrée du crime, 주브형사의 죽음La Mort de Juve, 생라자르의 탈출L' Evadée de Saint-Lazare, 팡도르의 실종La Disparition de Fandor, 죽음의 구두Les Souliers du mort, 팡토마의 결혼Le Mariage de Fantômas, 벨탕 부인의 살인자L'Assassin de Lady Beltham, 붉은 말벌La Guêpe rouge, 사라진 기차Le Train perdu, 왕자의 사랑Les Amours d'un prince, 비운의 꽃다발Le Bouquet tragique, 복면 쓴 기수Le Jockey masqué, 금도둑Le Voleur d'or, 거인의 시체Le Cadavre géant, 거드름 피우는 여자Le Faiseur de reines, 빈 관Le Cercueil vide, 붉은색 띠Le Série rouge, 범죄의 호텔L' Hôtel du crime, 삼 목도리La Cravate de chanvre, 팡토마의 최후La Fin de Fantômas

부분적이지만 셜록 홈스 시리즈의 목록도 마찬가지이다.

사라진 신랑A Case of Identity, 보헤미아 스캔들A Scandal in Bohemia, 붉은 머리 연맹The Red-Headed League, 세 학생The

Three Students, 보스콤 사건의 괴사건The Boscombe Valley Mystery, 다섯 개의 오렌지 씨앗The Five Orange Pips, 입술이 삐뚤어진 사나이The Man with the Twisted Lip, 푸른 홍옥The Adventure of the Blue Carbuncle, 얼룩무늬 끈The Adventure of the Speckled Band, 어느 기술자의 엄지손가락The Adventure of the Engineer's Thumb, 독신 귀족The Adventure of the Noble Bachelor, 너도밤나무집The Adventure of the Copper Beeches, 은성호 사건Silver Blaze, 창백한 병사The Adventure of the Blanched Soldier, 기는 남자The Adventure of the Creeping Man, 고명한 의뢰인The Adventure of the Illustrious Client, 사자 갈기The Adventure of the Lion's Mane, 마자린의 보석The Adventure of the Mazarin Stone, 은퇴한 물감장사The Adventure of the Retired Colourman, 서섹스의 흡혈귀The Adventure of the Sussex Vampire, 세 박공의 집The Adventure of the Three Gables, 세 명의 갈리데브The Adventure of the Three Garridebs, 의문의 하숙인The Adventure of the Veiled Lodger, 녹주석 보관The Adventure of the Beryl Coronet, 소포 상자The Cardboard Box, 빈사의 탐정The Dying Detective, 빈집의 모험The Empty House, 마지막 사건The Final Problem, 글로리아스코트 호The Adventure of the Gloria Scott, 그리스어 통역관The Greek

Interpreter, 바스커빌 가의 개The Hound of the Baskervilles, 머스그레이브 가의 의식문The Musgrave Ritual, 주홍색 연구A Study in Scarlet, 해군조약The Adventure of the Naval Treaty, 노어우드의 건축가The Norwood Builder, 소어 다리The Problem of Thor Bridge, 레드 서클The Red Circle, 라이게이트의 지주들The Reigate Squires, 입원 환자The Resident Patient, 두 번째 얼룩The Second Stain, 네 개의 서명The Sign of the Four, 여섯 개의 나폴레옹 상The Six Napoleons, 외로운 자전거 타는 사람The Solitary Cyclist, 주식중개인The Stock-Broker' s Clerk, 공포의 계곡The Valley of Fear…….

"아멘."

목록: 읽고 쓰는 즐거움. 이것이 바로 젊은 소설가의 고백이다.

미주

일러두기

미주에 들어 있는 도서들은 이 책이 미국에서 출판된 도서인 만큼 영어로 된 텍스트를 기본으로 하고 있습니다. 정보 제공 측면에서 원어 표기와 페이지 번호를 그대로 번역했음을 밝힙니다.

Ⅰ. 왼쪽에서 오른쪽으로 글쓰기

1 어떤 이들은 랭보Arthur Rimbaud처럼 열여덟 살을 갓 넘기면서 시 쓰기를 포기한다.

2 1950년대 후반에서 1960대 초반까지, 나는 몇 편의 패러디와 산문을 썼고, 이 작품들은 현재 『소크라테스 스트립쇼를 보다Misleadings』(New York: Harcourt, 1993)에 수록되어 있다. 하지만 이 글들을 그저 잠깐의 여흥이었다고 생각한다.

3 움베르토 에코, 『치품천사 마리아 테레사Maria Teresa Serafini』 중 「글 쓰는 법Come scrivo」, 「소설 쓰는 법Come si scrive un romanzo」(Milan: Bompiani, 1996) 참조.

4 린다 허천Linda Hutcheon, 『에코의 메아리: (포스트) 모던 비꼬기Eco's Echoes: Ironizing the (Post)Modern』, 노르마 부카르드Norma Bouchard 및 베로니카 프라바델리Veronica Pravadelli 편집, 『움베르토 에코의 대안Umberto Eco's Alternative』(New York: Peter Lang, 1998), 린다 허천, 『포스트모더니즘의 시학A Poetics of Postmodernism』(London: Routledge, 1992), 레모 체세라니Remo Ceserani, 『에코의 포스트모더니즘적 허구Eco's (Post)Modernist Fictions』, 부카르드 및 프라바델리의 『움베르토 에코의 대안』 중에서 참조.

5 찰스 젠크스Charles A. Jencks, 『포스트모던 건축 양식의 언어The Language of Post-Modern Architecture』(Wisbech, U.K.: Balding and Mansell, 1978. 6)

6 찰스 젠크스, 『포스트모더니즘이란 무엇인가?What Is Post-Modernism?』(London: Art and Design, 1986, 14~15), 찰스 젠크스의 『포스트모던 독자The Post-Modern Reader』(New York: St. Martin's, 1992)도 참조.

II. 저자와 텍스트 그리고 해석자

1 움베르토 에코, 『열린 예술 작품The Open Work』(Cambridge: Mass, Harvard University Press, 1989)

2 자크 데리다Jacques Derrida, 『서명 사건 문맥Signature Event Context』(1971), 〈글리프Glyph〉(1, 1977, 172~197), 데리다의 『리미티드Limited Inc』로 재판됨. 존 설John Searle, 『차이의 반복: 데리다에게 보내는 답신Reiterating the Differences: A Reply to Derrida』, 〈글리프〉(1, 1977, 198~200), 『사회적 사실주의의 구조The Construction of Social Reality』(New York: Free Press, 1995)로 재판됨.

3 필립 그레이엄Philip L. Graham, 「가장 최근에 일어난 역사적 사건Late Historical Events」 참조, 〈어웨이크 뉴스리터A Wake Newslitter〉(1964. 10, 13~14), 네이선 하퍼Nathan Halper, 「가장 최근에 일어난 역사적 사건에 대한 일고Notes on Late Historical Events」, 〈어웨이크 뉴스리터〉(1965. 10, 15~16) 참조.

4 루스 폰 풀Ruth Von Phul, 「가장 최근에 일어난 역사적 사건」, 〈어웨이크 뉴스리터〉(1965. 12, 14~15)

5 하지만 반드시 짚고 넘어가야 할 문제는, 음절의 길이 면에서 'Roma'의 'o'가 장음이기 때문에 6보격 시행의 첫 강약

약이 제 효과를 내지 못한다는 점이다. 따라서 '로마Roma'가 아니라 '장미Rosa'로 보는 게 맞다.

6 엘레나 코스티코비츠Helena Costiucovich, 「Sovriemiennaja hudoziestviennaja litieratura za rubiezom」(5, 1982, 101), 「움베르토 에코: 장미의 이름」 참조.

7 로버트 플라이스너Robert F. Fleissner, 『다른 이름으로 불리는 장미: 셰익스피어에서 에코까지, 문학에 나타난 꽃에 대한 조사A Rose by Another Name: A survey of Literary Flora from Shakespeare to Eco, West Cornwall』(U.K.: Locust Hill Press, 1989, 139)

8 〈콰데르니 메디에발리Quaderni Medievali〉(1989) 중 조수에 무스카Giosue Musca, 「연결통La camicia del nesso」(27) 참조.

9 루리야A. R. Luria, 『지워진 기억을 좇는 남자The Man with a Shattered World: The History of a Brain Wound』(Cambridge: Mass, Harvard University Press, 1987)

III. 허구적 등장인물에 관하여

1 움베르토 에코, 『푸코의 진자Foucault's Pendulum』 중에서

2 그런데 파리아Faria 신부는 실존 인물이고, 뒤마는 이 신기한 포르투갈 신부에게서 영감을 얻었다. 실존 인물인 파리아는 최면술에 관심을 갖고 있었지만 몽테크리스토의 스승이었다고는 할 수 없다. 뒤마는 몇몇 등장인물들을 역사 속 인물 중에서 빌려왔지만(달타냥d'Artagnan처럼), 독자들이 이 인물들의 현실적 속성을 알아야 할 의무는 없다.

3 몇 년 전, 나는 그곳의 요새를 방문했다가 몽테크리스토의 감옥이라는 곳은 물론이고, 파리아 신부가 팠다는 굴도 본 적이 있다.

4 알렉상드르 뒤마Alexandre Dumas, 『비바 가리발디! 1860년의 모험담Viva Garibaldi! Une odyssée en 1860』(Paris: Fayard, 2002, 4)

5 점잖고 감성도 풍부한 내 친구 한 명은 이렇게 말하곤 했다. "영화에서 펄럭이는 국기를 볼 때마다 나는 눈물이 난단 말일세. 어느 나라 국기건 말이야." 어떤 경우이든, 인간이 허구적 등장인물 때문에 감동을 느낀다는 사실은 심리학과 서사학 영역에서 방대한 문학작품들을 탄생시켰다. 그러한 작품들의 포괄적인 개요를 보려면, 『감정 묘사Representations of Emotions』(Tübingen: Günter Narr Verlag, 1999, 29~42) 중 마기트 수트로프Margit Sutrop의 「동정과 상상력, 그리고 소설에 대한 독자의 감정 반응Sympathy,

Imagination, and the Reader's Emotional Response to Fiction」을 참조하라. 동 저자의 『소설과 상상력Fiction and Imagination』(Paderborn: Mentis Verlag, 2000, 5.2), 『아리스토텔레스 학회의 의사록Proceedings of the Aristotelian Society』 중에서(69), 부록(1975, 77), 콜린 래드퍼드Colin Radford의 「왜 우리는 안나 카레니나의 운명에 마음 아파하는가?How Can We Be Moved by the Fate of Anna Karenina?」, 『감성과 감정: 사회의 구성Emotions et sentiments: Une construction sociale』(Paris: L'Harmattan, 2008) 중 프랜시스 파루지아Francis Farrugia의 「서사적 증후군과 감상주의 소설의 원형: 돈키호테와 보바리 부인, 교황의 연설과 제2의 역사Syndrome narratif et archétypes romanesques de la sentimentalité: Don Quichotte, Madame Bovary, un discours du pape, et autres histoires」도 참조.

6 그레고리 커리Gregory Currie, 『이미지와 마음Image and Mind』(Cambridge: Cambridge University Press, 1995), 아리스토텔레스가 정의한 카타르시스는 일종의 환각, 즉 감정의 착각이다. 카타르시스를 느끼는 이유는 우리가 비극의 주인공들과 자신을 동일시하기 때문인데, 이로 인해 그 주인공들이 겪는 일을 목격하며 연민과 공포를 느끼는 것이다.

7 존재론적 관점에 대해 신중하고 완성도 있는 논지를 보려면, 카롤라 바베로Carola Barbero의 『보바리 부인: 멜로디와 닮은Madame Bovary: Something Like a Melody』(Milan: Albo Versorio, 2005)을 참조하라. 바르베로는 존재론적 접근법과 인지적 접근법의 차이를 명쾌하게 보여준다(65). "대상론Object Theory은 우리가 존재하지 않는 대상을 어떻게 인지적으로 파악하는가를 밝히는 데는 관심이 없다. 사실상 대상론의 초점은 어떠한 상황에 놓이느냐와 상관없이 대상이 지닌 절대적인 보편성에 맞춰진다."

8 『신문학사New Literary History』(6, 1975, 겨울, no.2, 319~332) 중 존 설, 『허구적 담론의 논리적 위치The Logical Status of Fictional Discourse』 참조.

9 『노벨 심포지엄 의사록Proceedings of the Nobel Symposium』(New York: De Gruyter, 1989, 55) 중 「인문과학과 예술과 자연과학에서의 가능 세계Possible Worlds in Humanities, Arts and Sciences」(vol. 65)에서, 자코 힌티카Jaakko Hintikka, 「가능 세계 탐험하기Exploring Possible Worlds」 참조.

10 『인문과학과 예술과 자연과학에서의 가능 세계』(233) 중 루보미르 돌레첼Lubomir Dolezel, 「가능 세계와 문학적 허구Possible Worlds and Literary Fiction」, 알렌 편집.

11 예를 들어 조지 부시George W. Bush 전 대통령은 2001년 9월 24일 기자회견에서 다음과 같이 말했다. "캐나다와 멕시코의 관계는 지금이 그 어느 때보다 좋다." usinfo.org/wf-archive/2001/010924/epf109.htm 참조.

12 『기술적 상상력The Technological Imagination』(Madison, Wis: Coda Press, 1980) 중 새뮤얼 딜레이니Samuel Delany, 「일반적 프로토콜Generic Protocols」에서 인용.

13 '작은' 세계와 '기생하는' 세계로서의 서사적 가능 세계에 대해서는 움베르토 에코의 『해석의 한계The Limits of Interpretation』(Bloomington: Indiana University Press, 1990) 중 「작은 세계들」이라는 제목의 장을 참조하라.

14 『하버드에서 한 문학 강의Six Walks in the Fictional Woods』(Cambridge, Mass: Harvard University Press, 1994, ch.5)에서 말했듯이, 독자들은 백과사전적 정보에 따른 현실 세계의 상황이 어떤 식으로 훼손돼도 적극적으로 수용하려 한다. 1600년대를 무대로 하는 알렉상드르 뒤마의 『삼총사』에는 세르반도니 가에 사는 아라미스라는 인물이 나온다. 이것은 불가능한 설정인데, 이 거리 이름의 제공자라 할 수 있는 건축가 조반니 세르반도니Giovanni Servandoni는 한 세기 뒤에 활동했기 때문이다. 하지만 독

자들은 당황하지 않고 이 정보를 받아들인다. 세르반도니에 대해 조금이라도 아는 사람이 별로 없기 때문이다. 반대로 뒤마가 만약 아라미스가 보나파르트 가에 산다고 말했다면 독자들은 당연히 이상하다고 생각했을 것이다.

15 로만 잉가르덴Roman Ingarden의 『예술에서의 문학작품Das literarische Kunstwerk』(Halle: Niemayer Verlag, 1931)을 참조하라. 조지 그래보위츠George G. Grabowicz가 번역한 영역본의 제목은 『The Literary Work of Art』(Evanston, Ill: Northwestern University Press, 1973)이다.

16 스탕달Stendhal, 『적과 흑The Red and the Black』(London: Kegan Paul, 1916), 호레이스 새뮤얼Horace B. Samuel 번역(464).

17 두 발의 탄환에 대해서는 자크 제니나스카Jacques Geninasca의 『문학 언어La Parole littéraire』(Paris, PUF, 1997, II, 3) 참조.

18 움베르토 에코, 『칸트와 오리너구리Kant and the Platypus』(New York: Harcourt, 1999), 앨러스테어 맥웬Alastair McEwen 번역, 특히 sect1.9 참조.

19 하지만 안나 카레니나가 인공물이라고 해도, 그녀의 본질은 의자나 배와 같은 다른 인공물과 다르다. 〈영국미학저널British Journal of Aesthetics〉(43, no.2, 2002, 4) 중

에이미 토머슨Amie L. Thomasson의 「허구적 등장인물과 문학적 관습Fictional Characters and Literary Practices」(138~157) 참조. 허구적 인공물은 물리적 실체가 아니며 시공간적 위치를 갖지 않는다.

20 움베르토 에코, 『기호학과 언어철학Semiotics and the Philosophy of Language』(Bloomington: Indiana University Press, 1984, 2.3.3), 동 저자, 『해석의 한계The Limits of Interpretation』(Bloomington: Indiana University Press, 1990) 참조.

21 필립 두망Philippe Doumenc, 『엠마 보바리의 죽음에 대한 재조사Contre-enquête sur la mort d'Emma Bovary』(Paris: Actes Sud, 2007)

22 움베르토 에코, 『하버드에서 한 문학 강의』(126) 참조.

23 〈텔레그래프Telegraph〉(2008. 2. 4) 중 에이슬린 심슨Aislinn Simpson의 「윈스턴 처칠은 실존하지 않았다Winston Churchill Didn't Really Exist」 참조.

24 지암바티스타 비코Giambattista Vico와 토머스 리드Thomas Reid에서 존 설까지, 사회적 대상이라는 개념의 역사를 이해하려면, 『존재론의 역사Storia dell'ontologia』(Milan: Bompiani, 2008) 중 마우리초 페라리스Maurizio Ferraris의 「사회과학Scienze sociali」 참조(475~490).

25 『마인드Mind』(1958, 172) 중 존 설의 「고유명사Proper Names」 참조.

26 로만 잉가르덴, 『존재의 양식과 시간Time and Modes of Being』(Springfield, Ill: Charles C. Thomas, 1964), 헬렌 미셰다Helen R. Michejda 번역. 동 저자 『예술 속의 문학 작품The Literary Work of Art』 참조. 잉가르덴의 입장에 대한 비평을 보려면, 『존재와 문화, 사람: 로만 잉가르덴의 존재론Existence, Culture, and Persons: The Ontology of Roman Ingarden』(Frankfurt: Ontos Verlag, 2005) 중 에이미 토머슨의 『잉가르덴과 문화적 대상의 존재론 Ingarden and the Ontology of Cultural Objects』 참조.

27 바베로, 『보바리 부인』(45~61) 참조.

28 『사이드 이펙트Side Effects』(New York: Random House, 1980) 중 우디 앨런Woody Allen의 「쿠겔마스 씨의 에피소드The Kugelmass Episode」 부분 참조.

29 바트리치아 비올리Patrizia Violi, 『의미와 경험Meaning and Experience』(Bloomington: Indiana University Press, 2001), 제레미 카든Jeremy Carden 번역, IIB 및 III. 에코의 『칸트와 오리너구리』(199, 3.7)도 참조.

30 『마인드』(1950, 59) 중 피터 스트로슨Peter Strawson의 「지시에 대하여On Referring」 참조.

31 명백히 백과사전은 최신 내용들로 업데이트해야 한다. 1821년 5월 4일자 일반 백과사전에는 세인트헬레나 섬에 유배되어 생존해 있는 나폴레옹을 전 황제라고 기록하지 않았다.

32 '목격한 사실de visu'을 직접 확인하기 힘든 경우(예를 들어, P는 오바마가 어제 바그다드를 방문했다고 주장한다), 우리는 '현실 세계'에서 우리의 지각 범위를 넘어 일어난 일들까지 확인할 수 있게 해준다는 '보완물(prostheses, 신문이나 TV 프로그램 같은)'에 의존한다.

33 수학적 실체 역시 변형의 영향을 받지 않는다고 말하고 싶은 사람도 있을 것이다. 하지만 평행선의 개념조차 비非유클리드 기하학non-Euclidean geometries이 출현한 이후 바뀌었고, 페르마의 정리Fermat's Theorem에 대한 생각 또한 영국 수학자 앤드류 와일스Andrew Wiles 덕에 1994년 이후 변화했다.

34 엄격히 말해서 '예수 그리스도'라는 표현은 두 가지의 서로 다른 대상을 지시한다. 그리고 누군가 이 이름을 입 밖에 내면, 우리는 그 발언에 의미를 부여하기 위해 화자가 어떤 종류의 종교적(혹은 비종교적) 믿음을 갖고 있는지 판단해야 한다.

35 움베르토 에코, 『독자의 역할The Role of the Reader』

(Bloomington, Indiana University Press, 1979) 참조.

Ⅳ. 궁극의 리스트

1 움베르토 에코, 『궁극의 리스트The Infinity of Lists』(New York: Rizzoli International, 2009) 참조, 앨러스테어 맥웬 번역.

2 '실용적' 목록과 '문학적' 목록의 차이에 대해서는 로버트 벨크냅Robert E. Belknap의 『목록The List』(New Haven: Yale University Press, 2004) 참조. 가치 있는 문학적 목록 문집은 프랜시스 스퍼포드Francis Spufford 편집의 『캐비지와 왕의 담론서The Chatto Book of Cabbages and Kings Lists in Literature』(London: Chatto and Windus, 1989)에서도 볼 수 있다. 벨크냅은 '실용적' 목록이 무한대(말하자면 전화번호부는 매년 더 두꺼워질 수 있고, 쇼핑 목록은 상점에 가는 길에 더 길어질 수 있다)까지 확대될 수 있는 반면, '문학적' 목록이라는 것은 사실 목록을 담는 작품이라는 형식상의 제약으로 인해 제한적(음보, 압운, 소네트 형식 등등)이라고 말한다. 내 생각에 이 주장은 간단히 뒤집어 생각할 수 있다. 실용적 목록들이 정해진 순간에 유한한 일련의

사물들을 지시하는 한 필연적으로 유한하다. 전화번호부의 경우처럼 더 증가할 수 있는 건 사실이지만, 2008년도의 전화번호부는 2007년 것과 비교할 때 단순히 '또 하나'의 목록에 불과하다. 반대로, 예술적 기법과 관련된 제약들이 있다 해도, 내가 인용할 모든 시적 목록들은 무한대로 확대될 수 있다.

3 엔노디우스Ennodius, 『카르미나Carmina』(book 9, sect.323c), 「라틴어 저작들Patrologia Latina」(J-P. Migne, vol.63, Paris. 1847)

4 『마르쿠스 툴리우스 키케로의 연설The Orations of Marcus Tullius Cicero』(London: G. Bell and Sons, 1917, vol. 2) 중 「제1차 카틸리나 반박문First Oration against Lucius Catilina」 C. D. 영C. D. Yonge 번역(sect.1, 279~280)

5 위와 같은 글(sect.3, 282).

6 비스와바 심보르스카Wisława Szymborska, 『두 번은 없다 Nothing Twice』(Krakow: Wydawnictwo Literackie, 1997) 중에서 발췌. 스타니슬라프 바란차크Stanislaw Baranczak 및 클레어 커배너Clare Cavanagh 번역.

7 유감스럽게도 이 시의 접속어 생략법은 18세기 윌리엄 스튜어트 로스William Stewart Rose가 처음 영어로 번역할 때 사라져서, 다음과 같이 나열된다.

'나는 노래하네, 사랑과 숙녀들을, 기사들과 무기들을, 정중함과 용감한 행위들을'

8 이탈로 칼비노Italo Calvino, 『존재하지 않는 기사The Nonexistent Knight』(New York: Harcourt, 1962), 아치볼드 콜크혼Archibald Colquhoun 번역.

9 시도니우스 아폴리나리스의 시 원문(라틴어).

Salve Narbo, potens salubritate,
urbe et rure simul bonus, videri,
muris, civibus, ambitu, tabernis,
portis, porticibus, foro, theatro,
delubris, capitoliis, monetis,
thermis, arcubus, horreis, macellis,
pratis, fontibus, insulis, salinis,
stagnis, flumine, merce, ponte, ponto;
unus qui venerere iure divos
Lenaeum, Cererem, Palem, Minervam,
spicis, palmite, pascuis, trapetis.

10 프랑수아 라블레François Rabelais, 『가르강튀아 Gargantua』(Chicago: Encyclopaedia Britannica, 1990), 토머스 어커트 경Sir Thomas Urquhart 및 피터 앤터니 모튜Peter Antony Motteux 번역(ch.22).

11 제임스 조이스James Joyce, 『율리시스Ulysses』(New York: Vintage, 1986), 한스 발터 가블러Hans Walter Gabler 편집(book 3, ch.2, 592~593).

12 움베르토 에코, 『소크라테스 스트립쇼를 보다』(New York: Harcourt, 1993), 윌리엄 위버William Weaver 번역.

13 움베르토 에코, 『장미의 이름The Name of the Rose』(New York: Harcourt, 1983), 윌리엄 위버 번역(ch.3).

14 내 생각이 틀렸을 수도 있다. 시기는 불분명하지만, 헤시오도스Hesiod가 지은 『신통기Theogony』가 통째로 최초의 목록이었을 가능성도 있다.

15 주세페 레다Giuseppe Ledda, 『불가능한 목록: 카탈로그와 형언불가의 토포스Elenchi impossibili: Cataloghi e topos dell'indicibilità』(미발간) 참조, 동 저자, 『언어의 전쟁: 단테의 희극에서의 형언 불가능한 수사학과 서사La Guerra della lingua: Ineffabilità, retorica e narrativa nella Commedia di Dante』(Ravenna: Longo, 2002) 참조.

16 단테Dante, 『신곡』 중 「천국Paradise」(London: Barfield, 1814), 헨리 프랜시스Henry Francis Cary 번역, (canto 28, lines 91~92) 참조.

17 움베르토 에코, 『전날의 섬The Island of the Day Before』(New York: Harcourt, 1995), 윌리엄 위버 번역

(ch.32, pp.407~410). 노련한 독자들은 마지막 문장에서 박진법뿐 아니라 에크프라시스ekphrasis, 그림을 묘사한 글의 예도 볼 수 있을 것이다. 마지막 문장의 묘사는 아르침볼도Arcimboldo의 대표작에서 볼 수 있다.

18 월트 휘트먼Walt Whitman, 『풀잎Leaves of Grass』 중 part 12, 「넓은 도끼의 노래Song of the Broad-Axe」. 로버트 벨크냅의 『목록』(New Haven: Yale University Press, 2004)은 한 장을 할애하여 휘트먼에 대해 다루고 있다.

19 제임스 조이스, 「안나 리비아 플루라벨Anna Livia Plurabelle」, 제임스 조이스 및 니노 프랑크Nino Frank 번역(1938), 조이스의 『스크리티 이탈리아니Scritti italiani』(Milan: Mondadori, 1979)로 재출판.

20 제임스 조이스, 「안나 리비아 플루라벨」, 새뮤얼 베케트 Samuel Beckett, 『알프레도 페론Alfred Perron』, 필리프 수포Philippe Soupault, 파울 레옹Paul Léon, 외젠느 졸라Eugène Jolas, 이반 골Ivan Goll 및 아드리엔 모니에 Adrienne Monnier 번역, 조이스 공동 작업. 〈누벨 레뷰 프랑세스Nouvelle Revue Française〉(1931. 5. 1).

21 내가 인용한 문헌은 앤드루 헐리Andrew Hurley가 번역한 『호르헤 루이스 보르헤스 소설 선집Collected Fictions of Jorge Luis Borges』(New York: Viking, 1998)이다.

22 움베르토 에코, 『바우돌리노Baudolino』(New York: Harcourt Brace, 2001), 윌리엄 위버 번역(31).

23 움베르토 에코, 『푸코의 진자』(New York: Harcourt Brace, 1998), 윌리엄 위버 번역(ch.1, pp.7~8, ch.112, 575~579)

24 여기에서 인간을 다른 비이성적 동물들과 대조적인 이성적 동물로 구분하는 해묵은 종차種差, specific difference 문제를 다루지는 않을 것이다. 이 문제에 대해서는 움베르토 에코의 『기호학과 언어철학Semiotics and the Philosophy of Language』(Bloomington: Indiana University Press, 1984, ch.2) 중 「오리너구리에 대하여 On the Platypus」 및 동 저자의 『칸트와 오리너구리』(New York: Harcourt, 1999)를 참조하라.

25 당연히 속성에 의한 목록은 가치 평가를 드러낼 의도로 만들어지기도 한다. 「에스겔」 27장에서 두로에 보내는 찬사나, 셰익스피어의 『리처드 2세Richard II』 2막에 나오는 영국에 대한 찬가('이 왕령王領……')를 예로 들 수 있다. 속성에 의한 가치 평가를 드러내는 또 다른 목록으로는 『소녀 찬가laudatio puellae』(아름다운 여성들에 대한 묘사)라는 토포스가 있는데, 그 가장 장려한 사례는 『구약성서』의 「아가」이다. 하지만 현대 작가들 중에서도 루벤 다

리오Rubén DarÍo 같은 시인은 『아르헨티나에 바치는 노래Canto a la Argentina』에서 휘트먼과 같은 스타일로 폭발적인 찬미의 목록을 보여준다. 오라스Horace나 클레망 마로Clément Marot의 『추녀에 대한 혹평vituperatio puellae(혹은, 추녀들에 대한 묘사vituperatio dominae)』도 마찬가지이다. 에드몽 로스탕Edmond Rostand의 『시라노 드 베르주락Cyrano de Bergerac』에서 시라노가 자신의 코를 두고 내뱉는 장광설처럼 『추남에 대한 묘사』도 있다.

26 움베르토 에코, 『완벽한 언어를 찾아서The Search for a Perfect Language』(Oxford: Blackwell, 1995) 참조.

27 움베르토 에코, 『궁극의 리스트』, 앨러스테어 맥웬 번역본 참조.

28 레오 슈피처Leo Spitzer, 『근대시에서 볼 수 있는 혼돈스러운 열거La Enumeración caotica en la poesia moderna』(Buenos Aires: Faculdad de FilosofÍa y Letras, 1945) 참조.

29 움베르토 에코, 『바우돌리노』(ch.28) 윌리엄 위버 번역.

30 루이 페르디낭 셀린Louis-Ferdinand Céline, 『학살해 마땅한 것들Bagatelles pour un massacre』, 앨러스테어 맥웬 번역. 이 과격한 반反 셈어 작품은 어떻게 번역해도 셀

린의 영토에 다가가지 못했다. 한 번역 사례를 참조할 수 있는 웹페이지 주소는 vho.org/aaargh/fran/livres6/CELINEtrif.pdf이다(2010. 8. 20. 현재). 나의 책 『궁극의 리스트』를 번역한 앨러스테어 맥웬은 이 부분을 완전히 새로운 것으로 만들기 위해 노력했다. 이 작품의 경우에는 아마도 원문을 인용할 가치가 있을 것이다(원문에서는 묘하게도 『탱탱Tintin』의 아도크 선장이 분노를 폭발시킬 때와 비슷한 분위기가 난다).

Dine! Paradine! Crèvent! Boursouflent! Ventre dieu! …… 487millions! D'empalafiés cosacologues! Quid? Quid? Quod? Dans tous les chancres de Slavie! Quid? De Baltique slavigote en Blanche Altramer noire? Quam? Balkans! Visqueux! Ratagan! De concombres! …… Mornes! Roteux! De ratamerde! Je m'en pourfentre! …… Je m'en pourfoutre! Gigantement! Je m'envole! Coloquinte! …… Barbatoliers? Immensément! Volgaronoff! …… Mongomoleux Tartaronesques! …… Stakhanoviciants! …… Culodovitch! …… Quatre cent mille verstes myriamètres! …… De steppes de condachiures, de peaux de Zébis-Laridon! …… Ventre Poultre! Je m'en gratte tous les Vésuves! …… Déluges!

…… Fongueux de margachiante! …… Pour vos tout sales pots fiottés d'entzarinavés! …… Stabiline! Vorokchiots! Surplus Déconfits! …… Transbérie!

31 계간지 〈근대언어Modern Language Quarterly〉(3, no.2, 1942, 6, 171~242), 데틀레프 슈만Detlev W. Schumann의 「휘트먼과 릴케, 베르펠의 열거 양식과 의의Enumerative Style and Its Significance in Whitman, Rilke, Werfel」 참조.

32 레오 슈피처, 『근대시에서 볼 수 있는 혼돈스러운 열거』 참조.

33 아르튀르 랭보의 『어린 시절Childhood』(part 3, 1946), 「일뤼미나시옹Illuminations」, 루이스 바레세Louise Varèse 번역(www.mag4.net/Rimbaud/poesies/Childhood.html, 2010. 9. 2. 현재).

34 이탈로 칼비노, 『코스미코미케Tutte le Cosmicomiche』(Milan: Mondadori, 1997) 중 「하늘의 돌들Il cielo di pietra」, 영역본 제목 『The Complete Cosmicomics』(New York: Penguin, 2009), 마틴 매클로플린Martin McLaughlin, 팀 파크스Tim Parks 및 윌리엄 위버 번역.

35 호르헤 보르헤스Jorge Luis Borges, 『보르헤스의 비소설 선집Selected Nonfictions』(New York: Viking Penguin, 1999) 중 『존 윌킨스의 분석 언어John Wilkins'

Analytical Language』, 에스터 앨런Esther Allen 외 번역. 미셸 푸코Michel Foucault, 『사물의 질서Les Mots et les choses』(Paris: Gallimard, 1966) 서문.

36 움베르토 에코, 『로아나 여왕의 신비한 불꽃The Mysterious Flame of Queen Loana』(New York: Harcourt, 2005), 제프리 브록Geoffrey Brock 번역 (ch.1).

이 텍스트를 인용하자니 그것이 마치 내 자신을 날것으로 드러내는 것 같아 약간 불편하다. 이탈리아어 원서에서는 평범한 이탈리아 사람들도 쉽게 알아볼 수 있는 문학적 인용구들을 꿰어 맞추었는데, 영어판 번역자는 영어권 독자들이 알아볼 수 있는 인용구들을 골라 편집해야 했다. 이 책은 번역자가 직역을 피하고 다른 언어로 '동일 효과'를 내야 하는 사례이다. 어쨌든 브록의 텍스트는 비록 원작과는 다르지만 내 혼돈스러운 목록의 느낌을 잘 살리고 있다.

※ 국내 번역본인 『로아나 여왕의 신비한 불꽃』(이세욱 옮김, 열린책들 발행)을 참조했으나 이 목록은 내용상 약간의 차이가 있습니다.-옮긴이

37 위와 같은 책(ch.8).

38 프랑수아 라블레, 『팡타그뤼엘Pantagruel』(Derby, U.K.: Moray Press, 1894), 크로마티의 토머스 어커트 경Sir Thomas Urquhart 및 피터 앤터니 모튜Peter Antony

Motteux 번역(book 1, ch.7)

39 디오게네스 라에르티오스Diogenés Láertius, 『유명한 철학자들의 생애와 사상The Lives and Opinions of Eminent Philosophers』(London: Bohn, 1853), C.D. 영 번역(book 5) 「테오프라스토스의 생애Life of Theophrastus」(42~50).

※ IV장의 마지막 소제목 「책, 책, 책……」 단락에 나오는 책 목록에서는 『 』 기호를 생략하였습니다.-편집자

옮긴이의 말

에코만의 지적 유희가 선사하는 은밀한 매력

젊은 소설가의 고백이라는 제목은 중의적이다. 당대의 문학 비평가들이 에코의 작품에서 발견한 전형적인 포스트모더니즘의 특징을 빌려와 말한다면, 이중코드이다.

기호학자로서, 철학자로서, 중세 전문 학자로서 여든 살을 바라보는 움베르토 에코의 나이는 결코 통념적 의미에서 '젊다'고 할 수 없지만, 소설가로서 그는 이제 30대에 들어선 젊은 작가이다. 하지만 에코는 이 절묘한 표현 안에 지난 시절에 썼던 작품과 자기 자신에 대한 아련한 회상도 포개어 넣는다. 이 제목은 제임스 조이스의 『젊은 예술가의 초상』이나 라이너 마리아 릴케의 『젊은 시인에게 보내는 편지』도 연상시킨다. 물론 이 제목이 지적 수준이 높은 독자들에게 은밀히 전하는 저자의 윙크처럼 대단히 짜릿한 함의를 담고 있거나, '장미의 이름' 처럼 무한하게 의미가 확장될 수 있는 텍스트적 의도를 갖고 있는 것은 아니다. 다행히 이 책은 다양한 기호현상에 대한 해석의 여지가 소설보다 제한적인 문학 이론서이므로, 우리는 에코가 이 고백을 통해 문학 작품에 대한 다양한 독해의 가능성을 펼쳐 보이려 한다는 점만 눈치채고 넘어가도 된다.

이 책은 원래 하버드 대학교에서 주최한 '현대문학에 대한 리처드 엘먼 강의' 시리즈 중의 한 내용이기 때문에 작품 전체를 포괄하여 간단히 요약할 수 있는 말을 찾기란 대단히 힘들지만, 그래도 한마디로 정리해보자면 '젊은 소설가의 고백'이란 경험적 작가인 움베르토 에코가 말하는 '창작의 비밀에 대한 고백'이다.

하지만 에코의 의도가 단순히 대다수 독자들이 알기 힘든 작가의 창작 과정을 엿볼 수 있게 하는 것이라면, 어느 순간 갑자기 소설을 쓰고 싶은 충동이 들었고 단초적 아이디어에서 시작해 점점 더 무한한 우주를 창조해내게 됐다는 과정을 묘사한 첫 번째 장만으로도 충분했을 것이다.

성공한 대학 교수로서 순수한 사실fact의 세계 안에 살았던 에코는 과학적 저술과 문학적 작품의 뚜렷한 경계를 무의미한 것으로 만드는 서사narrative의 우주를 설계하기 시작했다. 에코의 말을 빌려서 설명하자면 서사는 하나의 우주가 탄생하고 형성되는 사건이다. 그만큼 오차 없이 치밀하고 섬세한 세계를 서사의 무대로 삼지 않으면, 작가는 확신을 갖고 독자를 설득할 수 없다. 또한 그러한 확고하고 논리적인 세계가 있어야만 독자들은 등장인물의 행동을 진심으로 이해할 수 있다. 이렇듯 텍스트 안에 구조화된 논리는 오독의 위험과 무한한 해석의 가능성을 제압하는 기준이 될 수 있다.

병 안에 든 편지처럼 텍스트가 세상에 던져지고 나면 경험적 작가의 의도와는 무관하게 그 텍스트를 이해하는 독자의 문화적 소양과 언어 능력 사이에서 발생하는 복잡한 상호작용을 통해 텍스트는 무한대로 확장되어 해석될 여지를 안고 있다. 제임스 조이스의 『피네간의 경야』처럼 상징과 기호의 의미를 무궁무진하게 추론할 수 있는 텍스트가 대표적인 예이다.

하지만 모든 해석이 타당하다고 인정할 수는 없다.

에코의 사적 고백이라기보다는 문학 이론과 비평에 관한 특강이라 볼 수 있는 2장에서 에코는 이러한 작가의 의도와 독자의 의도를 구분하고, 양자의 의도 사이에서 추론을 뒷받침해주는 것은 텍스트의 일관된 의지라고 기준을 제시한다.

에코의 소설 역시 간추리자면 한없이 단순 명료한 줄거리 속에 수없이 뻗어나갈 수 있는 해석의 여지를 안고 있어 지적 유희를 즐기는 독자들에게는 그야말로 무한한 기호와 상징의 집결체이다.

하지만 텍스트의 의도를 이해할 때, 『전날의 섬』에서 주인공 로베르토가 타고 있던 난파선의 이름인 '다프네'에서 태양신 포이보스와 월계수의 신화를 떠올리며 주인공이 야행성이라는 것과 앞으로 그가 맞게 될 운명을 유추하는 것은 의미가 있으나 『장미의 이름』에 등장하는 뉴캐슬 사람 휴이탈리아어판 이름은 우고 노보카스트로Ugo di Novocastro의 어원을 분석하여 카사노바Casanova를 유추해내는 것은 분명 과잉 해석이다. 물론 과잉 해석이라고 해서 독자의 의도를 항상 무시할 수 있다는 것은 아니다. 보르헤스를 몰라도 『장미의 이름』을 즐길 수 있고, 알렉산드리아의 히파티아를 몰라도 『바우돌리노』를 이해할 수 있지만, 『푸코의 진자』를 읽으며 주인공 카소봉이 조지 엘리엇의 소설 『미들마치』의 주인공 카소봉과 어떤 관계가 있는지를 유추해내는 것은 백과사전식 정보를 갖고 있는 유식한 독자들에게는 당연한 권리인 것이다.

허구적 등장인물들이 갖는 힘을 설명하는 3장에서 에코는 소설가로서의 정체성과 존재론적 실체를 고민하는 철학자로서의 정체성을 동시에 드러낸다.

"허구적 등장인물들이 어떤 식으로든 존재하지 않는다고 확신할 수 있을까?"라는 에코의 질문에, "그렇지는 않다"고 대답하는 자신을 발견할 때는 정말 짜릿하다. 에코의 핵심 독자 집단이 그의 이론에 가장 크게 공명을 일으킬 부분도 아마 기호학적 대상으로서의 허구 세계를 소개하며 존재론적 의미까지 짚어보는 3장이 아닐까 싶다.

소설 속 세계를 어떻게 생각해야 하는지, 혹은 꼭 어떤 식으로 생각해야 하는지를 완전히 이해하기에, 이 책은 얇고 포괄적이다. 그런데도 "우리는 왜 소설을 통해 위안을 찾고 허구적 인물들의 고통에 함께 아파하는가?"라는 질문에 에코는 역사적 사실과 허구적 사실을 멋들어지게 비교·분석하여 수긍할 수밖에 없는 답변을 내놓는다.

이렇게 사적인 고백을 넘어서서 학자로서의 고찰을 보여주었다가 다시 사적인 공간으로 돌아가는 부분은 4장이다. 창작 과정에서 필요한 날것 그대로의 재료를 전시하는 이 장은 소설 창작을 위해서 필수적인 방대한 지식의 창고라 할 수 있다.

라블레와 조이스를 인용하면서 언어에 대한 순수한 탐닉과 과잉에 대한 욕구를 과시하고, 자신의 저서 『궁극의 리스트』와도 많은 부분 중첩되는 목록들을 다시 한 번 나열하며 무절제와 방종의 취향을 천연덕스럽게 드러내는 이 장은 그가 이 책을 통해 무엇을 의도하고 있는지를 명백히 보여주는 그야말로 사심 가득한 고백이다. 단순하게는 말 그대로 문학적 목록들에 대한 그의 생각과, 자신이나 위대한 문호들의 작품 안에 그러한 목록들이 등장했던 사례들의 컬렉션이지만, 그 덕분에 우리는 입이 떡

벌어질 만큼 놀라운 언어의 연금술이 펼쳐지는 위대한 작가의 지극히 사적인 공간을 훔쳐보게 된다.

다시 제목으로 돌아가면 젊은 소설가의 '고백'은 사실 '고해'라고 읽을 수도 있다. 종교성과 신실한 영성이라는 제약 장치에 도취된 작가가, 자신의 작품들을 인용하여 오독과 과잉 해석의 근저에 그 빌미를 제공한 작가의 의도가 있었음을(혹은 그럴 의도가 없었음을) 실토하는 장면을 목격하게 되기 때문이다. 어쨌든 텍스트는 에코의 손을 떠났고, 쥘리엥 소렐의 첫 번째 탄환에 의미를 부여하며 스탕달의 의도를 분석하려는 유의 무의미한 해석이 아니라면 독자가 그 안에서 타당한 근거를 찾아내고 무엇을 끌어내든 에코는 개입하지 못할 것이다. 단지 그 자신도 경험적 독자가 되어 타당한 문맥과의 연관성을 지적하거나, 새로이 드러나는 근거를 유추해낼 수 있을 뿐이다. 어렵고 복잡한 에코의 소설들을 넘기면서 그저 활자를 훑는 독해에 머물러 있던 나로서는, 에코 역시 텍스트를 이해하기 위해 노력하는 또 한 명의 독자일 뿐이라는 사실에 안도의 한숨을 내쉴 뿐이다.

마지막으로, 라틴어 광장 블로그를 운영하시는 이재훈 님은 라틴어 원문의 표기 오류를 지적하고 의미를 파악하는 데 많은 도움을 주셨고, 그리스 로마 원전을 연구하는 사단법인 정암학당은 라틴어 시 전문의 정확한 번역을 위해 두 번, 세 번의 검토를 마다하지 않는 열정과 친절함을 보여주셨다. 마지막까지 옮긴이의 발을 동동 구르게 만들었던 에코의 해박한 지식을 우리말로 명쾌히 옮기는 데, 언어와 문학에 대한 애정만으로 아무런 조건 없이 큰 도움을 주신 이재훈 님과 정암학당 관계자 분들께 이 자리를 빌려 진심 어린 감사의 인사를 전하고 싶다.

2011년 6월

박혜원

찾아보기

ㄷ

ㄹ

ㅂ

ㅅ

ㅇ

ㅈ

ㅊ

ㅋ

ㅌ

ㅍ

움베르토 에코

UMBERTO ECO

움베르토 에코를 한 마디로 정의하기는 결코 쉽지 않다.

그는 언어학자이자 기호학자, 철학자, 미학자, 역사학자이며 전 세계적인 베스트셀러를 쓴 소설가이기도 하다. 토마스 아퀴나스의 철학에서부터 보르헤스와 제임스 조이스를 거쳐 인터넷 시대에 이르기까지 다방면에 전문 지식을 갖춘 그는 상상할 수 없을 정도로 많은 책을 읽는 것으로 유명하며 모국어인 이탈리아어뿐 아니라 영어, 프랑스어, 독일어, 라틴어, 그리스어, 러시아어, 스페인어까지 통달한 언어의 천재이다.

레오나르도 다 빈치 이래 최고의 르네상스적 인물이라 불리는 그는 살아 있는 석학이자 이 시대에 가장 영향력 있는 지식인으로 추앙받고 있다. 현재 볼로냐대학교에서 건축학, 기호학, 미학 등을 강의하고 있으며, 세계 명문대학의 객원교수로도 활동하고 있다

주요 저서로 『젊은 소설가의 고백』을 비롯하여 『장미의 이름』, 『푸코의 진자』, 『전날의 섬』, 『바우돌리노』, 『로아나 여왕의 신비한 불꽃』 등이 있다.

박혜원

현직 번역가이지만 여전히 번역가가 되는 게 꿈인 소심한 이상주의자. 실현 불가능하더라도 꿈이 있다면 자신을 던져봐야 한다는 신념 덕에 길고 긴 시간을 돌아 어릴 적 꿈이었던 번역에 입문했다. 영어와 글쓰기를 좋아하고 공감과 몰입에 능하며 꼬리가 긴 사색을 즐기기에 이 일이 천직이라고 믿어 의심치 않는다. 『젊은 소설가의 고백』은 뛰어난 작가의 철학과 고민이 담긴 짧은 글 한 편이 독자에게 얼마만큼 커다란 지적 욕구를 자극할 수 있는지를 실감케 한 책이었다. 그 밖에 옮긴 책으로는 『다이어트 심리학』,『본능의 경제학』, 『똑똑한 뇌 사용설명서』, 『오리지널 뷰티바이블』, 『스토리 이코노미』, 『친애하는 교회 씨에게』, 『5분 심리게임』, 『여자들의 경제수다』, 『고대 문명의 역사와 보물, 중국』 등이 있다.

젊은 소설가의 고백

초판 1쇄 인쇄 2011년 7월 11일
초판 1쇄 발행 2011년 7월 18일

지은이 움베르토 에코
옮긴이 박혜원
펴낸이 고영수

편집이사 조병철 **기획편집** 박지호 **디자인** 문지원
경영기획 고병욱 주민숙 **홍보** 탁윤아 **제작** 김기창
총무 문준기 박미영 노재경 **관리** 주동은 조재언 김육기

발행처 **레드박스**
출판등록 제16-2245호
주소 135-816 서울시 강남구 논현동 63번지
주소 413-756 경기도 파주시 교하읍 문발리 파주출판도시 518-6번지
주소 413-756 청림아트스페이스
전화 02)546-4341
팩스 02)546-8053

redbox@chungrim.com
blog.naver.com/redbox2008

ISBN 978-89-89456-26-1 03880

값 13,800원

* 레드박스는 청림출판(주)의 문학·교양 브랜드입니다.